Estudios Culturales.
Reflexiones sobre el multiculturalismo

Espacios del Saber

Si desea recibir información mensual de nuestras novedades/publicaciones, y ser incorporado a nuestra lista de correo electrónico, por favor envíenos los siguientes datos a **difusión@editorialpaidos.com.ar** Nombre y apellido, profesión y dirección de e-mail.

Fredric Jameson
Slavoj Žižek

Introducción de Eduardo Grüner

Estudios Culturales. Reflexiones sobre el multiculturalismo

PAIDÓS
Buenos Aires - Barcelona - México

Título original: *"On 'Cultural Studies' "*, *Social Text 34,* vol. 11, n° 1, 1993, pp. 1752
© Duke University Press. Reproducido con permiso.
"Multiculturalism, or de Cultural Logic of Multinational Capitalism", *New Left Review* n° 225, September-October, 1997, pp. 28-29
© *New Left Review.* Reproducido con permiso

Traducción de Moira Irigoyen

Cubierta de Gustavo Macri

306   Jameson, Fredic
JAM   Estudios culturales : reflexiones sobre el
         multiculturalismo / Fredic Jameson y Slavoj Zizek.-
         1ª ed. 3ª reimp.- Buenos Aires : Paidós, 2005.
         192 p. ; 21x13 cm.- (Espacios del saber)

         Traducción de: Moira Irigoyen

         ISBN 950-12-6506-4

         I. Zizek, Slavoj - II. Título - 1. Estudios Culturales

1ª edición, 1998
2ª reimpresión, 2003
3ª reimpresión, 2005

©   1998 de todas las ediciones en castellano
    Editorial Paidós SAICF
    Defensa 599, Buenos Aires
    e-mail: literaria@editorialpaidos.com.ar
    www.paidosargentina.com.ar

Queda hecho el depósito que previene la Ley 11.723
Impreso en la Argentina - Printed in Argentina

Impreso en Gráfica MPS,
Santiago del Estero 338, Lanús, en enero de 2005
Tirada: 1000 ejemplares

ISBN 950-12-6506-4

Índice

Acerca de los autores

Fredric Jameson es profesor de Literatura Comparada en la Universidad de Duke. Entre sus numerosas obras publicadas cabe citar *Documentos de cultura, documentos de barbarie*; *La cárcel del lenguaje*; *El posmodernismo o la lógica cultural del capitalismo avanzado* y *La estética geopolítica*.

Slavoj Žižek es doctor en Filosofía, investigador del Instituto de Estudios Sociales de Liubiana, Eslovenia, y profesor visitante en la New School for Social Research de Nueva York. Es autor, entre otras obras, de *El sublime objeto de la Ideología*; *Goza tu síntoma!*; *Todo lo que Usted quería saber sobre Lacan y nunca se atrevió a preguntarle a Hitchcock*; *Porque no saben lo que hacen* y *Mirando al sesgo*.

Eduardo Grüner es sociólogo y ensayista. Es profesor titular de Teoría Política en la Facultad de Ciencias Sociales de la Universidad de Buenos Aires y de Literatura y Cine en la Facultad de Filosofía y Letras de la misma universidad. Es miembro de la Dirección de las revistas *Sitio, Cinégrafo* y *SyC* y autor de los libros *Un género culpable* y *Las formas de la espada*. Ha publicado numerosos ensayos en medios especializados locales y del exterior.

El retorno de la teoría crítica de la cultura: una introducción alegórica a Jameson y Žižek

Eduardo Grüner

"Introducción alegórica": utilizamos esta expresión en un sentido vagamente benjaminiano; vale decir, en el sentido de una *construcción permanente* del significado que para nosotros pueden adquirir *hoy y mañana* las obras de dos autores como Fredric Jameson y Slavoj Žižek. "Alegoría", en este contexto, se opone a "símbolo", como se opone la pasión activa por la búsqueda de ese significado a la recepción *pasiva* de un sentido "congelado", ya definido de una vez para siempre. Es esa diferencia, sostendremos, la que podría permitir –en las huellas de esos dos autores, que aún no han terminado de imprimirse plenamente– recuperar para lo que se suele llamar "estudios culturales" un espíritu crítico y *político* (en el sentido amplio y profundo de una interpelación a los discursos ideológicos de la *polis*) en buena medida perdido, o al menos anestesiado.

A nadie que mantenga un mínimo de compromiso intelectual, en efecto, se le escapa que la gran tradición occidental de una teoría crítica de la cultura a partir de los actos fundacionales de Marx o Freud (tradición ejemplarmente representada por la Escuela de Frankfurt, pero también por autores individuales como Lukács o Sartre) parece estar en crisis; su reemplazo académico por los llamados *Cultural Studies*, y las características teóricas, ideológicas y políticas de ese reemplazo (así como la verdadera naturaleza de esa "crisis", más cacareada que realmente demostrada) no nos ocuparán ahora: son el tema central de esta Introducción, cuya estrategia es la de un breve ensayo articulado sobre los ejes centrales que preocupan a nuestros autores. Baste decir, por el momento, que obras como las de Jameson y Žižek –y no son las únicas, aunque ocupen un lugar decisivo– parecerían desmentir saludablemente el carácter definitivo de esa "crisis" y confirmar la sabiduría etimológica (y ya, a esta altura, "popular") que incluye en el concepto de "crisis" no sólo la idea de un fin, sino la de un *recomienzo*.

Jameson y Žižek (pero especialmente el primero) no son dos completos desconocidos para los lectores de habla hispana[1] y, en particular, para los argentinos. Sin embargo, sus efectos sobre el alicaído debate intelectual local han sido escasísimos, aun en el ámbito de cierta especialización académica (el autor de estas líneas sólo conoce dos cátedras universitarias, incluida la propia, en la que ambos, o al menos uno de ellos, se incluya en la bibliografía). Pero su ausencia en los claustros no sería tan grave: después de todo, es un destino de silencio compartido por otros "grandes" como los ya nombrados Sartre, Lukács o los miembros de la Escuela de Frankfurt –con la parcial excepción de Benjamin, desde hace un tiempo transformado en una suerte de moda acadé-

1. Para una bibliografía más o menos exhaustiva de ambos autores (incluyendo sus ediciones en castellano) remitimos a nuestro "Apéndice", al final de esta Introducción.

mica que le ha hecho más mal que bien–. Lo verdaderamente preocupante es el "ninguneo" (como gusta decir
David Viñas) a que son sometidos, con honrosas pero
magras excepciones, por las publicaciones extrauniver-
sitarias que deberían, supuestamente, ser el centro de
difusión privilegiado de un pensamiento de izquierda
profundamente renovador como el que representan estos autores.[2] Analizar por qué sucede eso requeriría toda una antropología social de las "tribus" intelectuales
argentinas, que no estamos en condiciones de emprender aquí. Limitémonos, pues, a consignarlo como cons-
tatación y como protesta.

Fredric Jameson (actual profesor de Literatura Comparada en la Universidad de Duke, Estados Unidos) y Slavoj Žižek (actual investigador del Instituto de Estudios
Sociales de Liubiana, Eslovenia, y profesor visitante en
la New School for Social Research, Nueva York) son
dos intelectuales de procedencia y tradición intelectual
notoriamente diferentes: Jameson viene de la teoría literaria y estética de inspiración marxista; Žižek de la filosofía posthegeliana y la teoría psicoanalítica de inspiración lacaniana. El primero, obviamente, escribe en
inglés; el segundo, por razones igualmente obvias, ha tenido que *aprender* a escribir en inglés y, ocasionalmente,
en francés. Aunque Jameson es, evidentemente, un intelectual políticamente comprometido, no se le conoce
una militancia orgánica o sistemática; Žižek, por su parte, llegó a ser candidato a presidente por la República de
Eslovenia (y, si la leyenda se acerca a la realidad, perdió

2. Algunos artículos de Jameson han aparecido en revistas como
El Cielo por Asalto, *El Rodaballo*, *Confines* y *Punto de Vista*. De Žižek sólo registramos una aparición en revistas, en los *Cuadernos de Investigación* de la Sociedad Filosófica de Buenos Aires.

por escasísimo margen de votos). Jameson, el mayor de los dos, viene publicando desde fines de la década del '60; Žižek, principios de la de los '80.

Estas diferencias, por así decir, *existenciales* se expresan, a su manera, en sus respectivas referencias teóricas. Jameson se inscribe sin lugar a dudas en la tradición marxista anglosajona preocupada por la cultura (de Raymond Williams a Terry Eagleton, pasando por E. P. Thompson o Perry Anderson), pero de una manera mucho más "continental" (en el sentido británico del término) que lo coloca en la gran corriente de lo que Anderson ha llamado el *marxismo occidental*. Bastaría con ojear la enumeración de autores de los que se ocupa en su primer libro importante, *Marxism and Form* (Adorno, Benjamin, Marcuse, Bloch, Lukács, Sartre), y agregar el de Antonio Gramsci o el de Louis Althusser –a quien vuelve recurrentemente, sin concesiones pero sin complicidad con el gesto que lo ha declarado un "perro muerto", al igual que a Sartre– para entender de qué estamos hablando. Pero está asimismo decidido a aprovechar para su propia perspectiva lo que pueda ser útil de la teoría psicoanalítica, y en particular lacaniana, y su sensibilidad literaria y estética lo ha llevado a estudiar a fondo la producción teórica y artística en prácticamente todos los campos posibles (la literatura, la plástica, la arquitectura, el cine, el vídeo, la música), a partir de los cuales es capaz de teorizar con una solvencia absolutamente pasmosa: de Jameson se puede decir que es uno de esos casos singulares de hombre-orquesta que toca con igual idoneidad en los registros más disímiles. También, el que más inteligentemente ha sabido generar una crítica teórica del posmodernismo sutilmente matizada y exenta del ideologismo fácil, pero al mismo tiempo sin renunciar a la reutilización complejizada de categorías marxistas "duras", como las de *modo de producción* o *lucha de clases*.

Žižek, por otro lado, proviene de una tradición filosófica más "clásica" (en la cual ocupa un puesto central el idealismo alemán), que ha sabido articular de una forma extraordinariamente creativa con la "nueva" tradición francesa posterior a Mayo del '68, muy especialmente, claro está, el pensamiento lacaniano. Y decimos "muy especialmente", porque esa "especialidad" tiene una función *estratégica* (es decir, en última instancia, política) que hace, si podemos decirlo así, la gran diferencia. Para empezar, esa articulación es al mismo tiempo tan rigurosa y tan original, que ya no podemos saber –es un debate que existe a propósito de Žižek– si la operación consiste en "lacanizar" a Hegel (y a Kant) o en "hegelianizar" a Lacan (y a Freud). No lo sabemos, y realmente no importa: lo que importa es el resultado, que se hace patente en la notable capacidad de Žižek para sustraerse (y en ello seguramente tiene mucho que ver su origen cultural y lingüístico) a los fetichismos de la "novedad", tan típicamente franceses, y mantener bajo la estricta vigilancia de los clásicos las *sofistiquerías* del postestructuralismo y las diversas variantes del posmodernismo, hasta el punto de poder argumentar con brillantez y consistencia, por ejemplo, que Lacan... ¡es el último gran iluminista! Más "iluminista" incluso, quizás (aunque esto ya es materia de interpretación), que Marx o el marxismo en su conjunto. La relación de Žižek con el marxismo es, creemos entender, más ambivalente (tal vez habría que decir: más *indecisa*, o indecidible) que la de Jameson, aunque en el último Žižek –y particularmente, si se sabe leer entre líneas, en el texto que presentamos en este volumen– ese vínculo parece haberse fortalecido. Sea como fuere, y a partir de sus ya canónicas reflexiones sobre la articulación entre el fetichismo de la mercancía de Marx y el inconciente freudiano-lacaniano expuestas en *El sublime objeto de la ideología* y continuadas de una u otra forma a lo largo de toda su abundante producción, no nos cabe ninguna duda de que Žižek es, hoy por hoy, uno de los (pocos) intelectuales que más está haciendo por la reconstrucción de una teoría de la ideología de cuño marxiano, pero espectacularmente renovado por el aporte teórico psicoanalítico.

Diferencias, pero también subterráneas (o no tanto) "afinidades electivas": fundamentalmente, la literatura y el cine, como grandes "textos sintomáticos" de la modernidad y la posmodernidad, que ponen en juego las formas más complejas de la *plaga fantasmática* (para recurrir a una expresión reciente de Žižek o del *inconciente político* (una noción ya clásica de Jameson) contemporáneos: es verdaderamente asombroso lo que ambos autores son capaces de hacer, desde un punto de vista teórico-filosófico, con el análisis de novelas o filmes que no necesariamente son los más "importantes" para la perspectiva de la cultura dominante; pero sin caer, por otra parte, en ninguno de los clichés del populismo posmoderno que pretende borrar las diferencias ideológicas en nombre de una malentendida transgresión de las fronteras entre "cultura de elite" y "cultura popular" (o mejor: *cultura de masas*, que no es, precisamente, lo mismo). Justamente –y he aquí otra de aquellas grandes "afinidades"– se trata, ya lo hemos dicho, de ser implacables en la recuperación, todo lo *aggiornada* que se quiera, de la *crítica de las ideologías*, hoy caída en un descrédito que responde más a los *actuales* intereses ideológicos del capitalismo tardío y "globalizado" que a una auténtica revisión teórica y cultural. Ya nos hemos refe-

rido al papel fundamental que, en este proyecto de recuperación, desempeña el vínculo renovado entre marxismo y psicoanálisis. Aunque Jameson se "recueste"
más en una de esas patas (la del marxismo) y Žižek en la
otra (la del psicoanálisis), ninguno de los dos descuida
en ningún momento a la pata compañera, y en ese sentido sus obras son estrictamente complementarias, y así
deberían a nuestro juicio ser leídas.

Finalmente (*last but not least*), está la cuestión del *estilo*. No se puede decir que los estilos "literarios" de Jameson y Žižek sean, en verdad, similares: aunque ambos son igualmente ricos y complejos, el de Jameson es
más reconcentrado y sobrio; el de Žižek, más juguetón
y saltarín (ambos se leen con ese engañoso placer que a
veces se encuentra en los clásicos, y donde la limpidez
de la lectura oculta las arenas movedizas de una gran
densidad conceptual). Pero sí se puede decir, quizá, que
son *convergentes*, al menos en la figura retórico-argu-
mentativa (pero, desde ya, es mucho más que eso) que
los atraviesa permanentemente: la *ironía*, que, como se
sabe, es desde tiempo inmemorial el arma implacable
del ensayo crítico. Por supuesto que, atento a las diferencias estilísticas, el efecto es también distinto: en Jameson (¿tendrá que ver con la tradición cultural anglosajona de la contención y el *british humour*?) puede ser
la sonrisa levemente sarcástica, mezclada a veces con la
admonición severa; en Žižek (¿tendrá que ver con la
tradición cultural centroeuropea de cierto grotesco de-
lirante y desborde barroco?) puede llegar a ser la abierta carcajada, mezclada con no se sabe qué pequeño es-
tremecimiento de extrañeza y hasta de angustia por el
absurdo destino humano. Pero, en todo caso, en los dos
es el indicador de un rigor intelectual y crítico que no
está dispuesto a dejarse chantajear ni por la pusilanimi-

dad disfrazada de cortesía y "corrección política" ni por el anonimato soporífero y deserotizado del rutinario *paper* académico. Sean cuales fueren sus diferencias, en Jameson y Ž ižek hay estilo, y no como ornamento del concepto, sino como rigurosa materialidad de la forma.

Para terminar este esquemático introito, y antes de zambullirnos de plano en la cuestión de los Estudios Culturales, cabe decir dos palabras sobre los textos que conforman este volumen. Ambos, como es obvio, se ocupan, desde una perspectiva crítica, de diferentes aspectos ligados a los estudios culturales y en especial a la obsesión teórica, académica y política por cuestiones como el "multiculturalismo" y el conflicto de identidades colectivas. Si bien no excesivamente separados en el tiempo (el de Jameson apareció en la revista *Social Text* en 1993; el de Ž ižek en la *New Left Review* en 1997), pertenecen a momentos diferentes en el desarrollo de un análisis crítico de los estudios culturales. Esa diferencia podría casi calificarse de "complementariedad de los extremos": el ensayo de Jameson, por un lado, que está construido tomando como pre-texto –en sentido estricto– una compilación sobre *Cultural Studies* editada por Lawrence Grossberg,³ es un trabajo pionero, en el sentido de que es uno de los primeros que se atreve a desmontar (estuvimos a punto de decir "a desconstruir") críticamente los componentes ideológicos más discutibles de los estudios culturales académicos, aunque separando cuidadosamente la paja del trigo, como es su costumbre. El trabajo de Žižek, por su parte, es el

3. Lamentablemente, el libro comentado por Jameson no existe en castellano. No obstante, el ensayo mantiene todo su interés –como apreciará el lector–, puesto que Jameson usa el libro de Grossman a modo de excusa (en el mejor sentido) para ofrecer su propia visión analítico-crítica del discurso dominante en los Estudios Culturales.

único que conozcamos en el que aborda de modo frontal (y central) el tema de los Estudios Culturales, y para los lectores de Žižek puede resultar una no pequeña sorpresa el modo decidido en que articula su crítica desde posiciones notoriamente más cercanas al marxismo (a un marxismo, evidentemente, informado por su estrategia consecuente de articulación con la teoría lacaniana) de lo que estamos acostumbrados a leerle. Por otra parte –y es una justificación ulterior nada despreciable para publicar ambos textos juntos– desde su propio título ("Multiculturalismo, o la lógica cultural del capitalismo multinacional") el ensayo de Žižek constituye un homenaje al ya clásico y riquísimo estudio de Jameson sobre el posmodernismo ("Posmodernismo, o la lógica cultural del capitalismo tardío"). Entre los dos se conforma lo que nos atreveríamos a denominar, adornianamente, una verdadera *constelación* crítica sobre la compleja problemática de los Estudios Culturales, y más aún, sobre la compleja problemática que constituye el/los *objeto/s* de los Estudios Culturales.

Pero es ya el momento de abordar *nosotros*, a nuestra cuenta y riesgo, esa compleja problemática, en el profundo surco abierto por nuestros autores.

¿Estudios Culturales o teoría crítica de la cultura?

Puesto que, pese a las apariencias posmodernas, todo está sometido a la Historia, parece haber un consenso generalizado que fecha el inicio de los así llamados "Estudios Culturales" en la Inglaterra de 1956, coincidiendo con el desencanto posterior al XX Congreso del PCUS y a la invasión rusa de Hungría. Intelectuales como Raymond Williams, William Hoggart y E. P.

Thompson –asistidos por el brillante pero aún joven Stuart Hall– iniciaron, por esas fechas, un movimiento de toma de distancia del marxismo dogmático dominante en el Partido Comunista británico, para adoptar lo que ellos mismos llamaron una versión "compleja" y crítica de un marxismo culturalista, más atento a las especificidades y autonomías de las antiguas "superestructuras", incluyendo el arte y la literatura. Pero para el propio Stuart Hall (más matizadamente, como veremos) y para la mayoría de sus seguidores (más enfáticamente), las relaciones ambivalentes con el marxismo parecen haberse derrumbado junto con el Muro de Berlín, para ser sustituidas por una "apertura" hacia –cuando no una directa fusión con– ciertas corrientes del postestructuralismo francés (Foucault y Derrida principalmente, ocasionalmente Lacan) y del ambivalente post-marxismo "desconstructivo" (Laclau y Mouffe).

No se trata, aquí, de establecer un inventario obsesivo de las pérdidas y ganancias estrictamente teóricas que ha supuesto ese cambio de parejas, pero sí de señalar cierto complejo grado de "academización" y *despolitización* (y también de "desapasionamiento", si podemos decirlo así) que ha producido el abandono de algunos de los supuestos básicos de Marx –el concepto de lucha de clases es, desde ya, el más conspicuo–, que vienen a reforzar el descuido que los Estudios Culturales tuvieron siempre hacia otras tradiciones europeas del marxismo occidental y crítico: Lukács y sobre todo la Escuela de Frankfurt son ejemplos paradigmáticos, pero también podría nombrarse a Sartre, e incluso a Althusser, de quien pensadores como Hall o Laclau se declararon, en un principio, seguidores.

Por su parte, el último y más interesante desarrollo de los Estudios Culturales –la corriente de la llamada "teoría poscolonial" de Edward Said, Homi Bhabha, G. Chakravorty Spivak *et al.*– está casi completamente sumergido en el postestructuralismo, aunque con desigual énfasis, y a veces hace gala de un decidido antimarxismo que, a nuestro juicio, puede terminar paralizando muchas de sus mejores ideas, incluyendo aquellas deducidas de ese mismo postestructuralismo.

En cambio, también en los últimos años han surgido algunos importantes autores (Fredric Jameson, Terry Eagleton y Slavoj Žižek en la primera línea, aunque habría que agregar aquí a un marxista "poscolonial" como Aijaz Ahmad) que, sin desaprovechar las más agudas intuiciones del psicoanálisis lacaniano y el postestructuralismo, y aun de lo mejor del posmodernismo, las reinscriben críticamente en la tradición de aquel "marxismo complejo" representado por los nombres de Lukács, Gramsci, Korsch, Bajtín, Benjamin, Adorno, Marcuse, Sartre, Althusser. Nos encontramos, pues, en medio de un "momento" teórico de extraordinaria complejidad y riqueza, que desmiente la impresión general –y, claro está, ideológicamente "interesada"– de que el marxismo ya no tiene nada que decir sobre el mundo y la cultura contemporánea, cuando lo que en realidad sucede es que se está abriendo un enorme abanico *dialógico* (para utilizar la célebre categoría bajtiniana) que, a partir de una reflexión permanentemente renovada sobre y *dentro* del marxismo, promete transformar radicalmente el pensamiento filosófico-cultural y echar una bocanada de aire fresco sobre la tediosa mediocridad del (anti) pensamiento del "fin" (de las ideologías, de la historia de los grandes relatos y *via dicendo*).

Si esta renovación todavía no se ha vuelto lo suficientemente visible es en lo fundamental, desde luego, por la hegemonía de la ideología dominante en nuestro capitalismo tardío, pero también porque los Estudios Culturales –y el pensamiento "de izquierda" o "progresista" en general– parecen haberse rendido, en el mejor de los casos, a aquella "academización", cuando no a la lisa y llana *mercantilización* fetichizada de los productos culturales. Una crítica de las inconsistencias y, sobre todo, de las faltas de los Estudios Culturales tal como se practican hoy nos parece, por lo tanto, una tarea intelectual –es decir, *política*– de primera importancia. Éste es el sentido profundo, sin duda, de textos como los de Jameson y Žižek que integran el presente volumen, como una manera de empezar a recuperar la "tragicidad" perdida de nuestra cultura, aunque pueda parecer, sartreanamente dicho, una pasión inútil (pero, por otra parte, ¿no será la "utilidad" un concepto excesivamente *instrumental*?): inútil, al menos, en una época farsesca que, justamente, ha olvidado todo sentido de la tragedia, para embarcarse a menudo en el culto frívolo de ciertas modas, desligándolas de las contradicciones subyacentemente críticas que ellas mismas pueden contener.

Las modas (esto ya lo había percibido perfectamente Walter Benjamin en la década del '30) son un testimonio del progresivo aumento del fetichismo de la mercancía en la modernidad, pero también –y justamente por ello– tienen un riquísimo valor de *síntoma* ideológico y cultural. El auge actual ("actual" en la Argentina y Latinoamérica, pero con una antigüedad de un par de décadas en los centros académicos anglosajones) de los Estudios Culturales convoca en este sentido una serie de cuestiones –teóricas, metodológicas y *políticas*– de las cuales lo menos que se puede decir es que son extraordinariamente complejas. Como siempre, lo más tentador (lo cual no quiere decir necesariamente lo más cómodo) es empezar por sus *riesgos*. En primer lugar, el ya mencionado riesgo del abandono total, por supuesta "obsolescencia", de los grandes paradigmas críticos del siglo XX, como el marxismo y el psicoanálisis (y su continuidad no exenta de problemas en corrientes posteriores de teoría crítica, como la Escuela de Frankfurt). No nos estamos refiriendo a una simple enunciación ritualizada del "fin de los grandes relatos", que pocos críticos rigurosos podrían tomar realmente en serio, sino a intenciones más concretas. No hace mucho, una prestigiosa figura de la teoría literaria que actualmente enseña en los Estados Unidos, declaró que ahora sólo pensaba poder utilizar ciertos *aportes parciales* de esas teorías (el marxismo y el psicoanálisis) para "agregar" a investigaciones más "localizadas", menos ambiciosas. Parece francamente preocupante. ¿Qué puede significar este agregado de *parcialidades* sino la promoción de algún neoeclecticismo o neorrelativismo que termine renunciando a la lucha por el sentido, a la consideración de la cultura como un *campo de batalla* atravesado por relaciones de fuerza ideológicas que sí juegan a totalizar la hegemonía de sus representaciones del mundo?

No es, por supuesto, que ese parcelamiento teórico no pueda ser explicado: es el necesario correlato de lo que nos gustaría llamar la *fetichización de los particularismos* (algo bien diferente, desde ya, de su reconocimiento teórico y político) y de los "juegos de lenguaje" estrictamente locales y desconectados entre sí. Esa fetichización es poco más que resignación a una forma de lo que ahora se llama "pensamiento débil", expresado –entre otras cosas– por el abandono de la noción de Ideología para el análisis de la cultura, por cargos de "universalismo" y "esencialismo". Pero seamos claros: no hay particularidad que, por definición, no se oponga

a alguna forma de universalidad, "esencial" o históricamente construida. Y no hay pensamiento crítico posible
y eficaz que no empiece por interrogar las *tensiones* entre la particularidad y la universalidad, que son, después
de todo, las que definen a una cultura como tal en la era
de la "globalización" –para no mencionar a esa cultura de
"europeos en el exilio" que pasa por ser la argentina–.

Nos gustaría defender aquí que cierto monto de
universalismo, e incluso de "esencialismo estratégico"
(para utilizar un celebrado concepto de Chakravorty
Spivak),[4] siempre será pertinente para sortear el peligro
–característico de los actuales Estudios Culturales, hay
que decirlo– de estar forzando todo el tiempo la emergencia de particularismos y alteridades que después no
sabemos cómo definir, de todo el tiempo estar inven-
tando "orientalismos", como diría Edward Said.[5] Teme-
mos que los necesarios correctivos a los reduccionismos
–ellos, sí, "esencialistas" y universalizantes– en que han
incurrido ciertos marxistas y psicoanalistas, nos deslicen
hacia un reduccionismo peor, un reduccionismo por así
decir *eliminativo* de la legitimidad teórica y política de
categorías como la de "lucha de clases" o "inconciente",
para no mencionar la hoy tan desprestigiada idea de un
pensamiento *histórico*. De este (y otros) riesgos quisiéramos (pre)ocuparnos –apenas a título de no menos ries-
gosas hipótesis de trabajo– en los párrafos que siguen.

4. Gayatri Chakravorty Spivak: *Outside in the teaching machine*,
New York, Routledge, 1993.
5. Edward Said: *Orientalismo*, Madrid, Prodhufi, 1995.

Una cuestión de límites

"La literatura está hecha para que la protesta humana sobreviva al naufragio de los destinos individuales." Esta estupenda frase de Sartre [6] define, entre otras cosas, la única "función" a la que debería querer aspirar un intelectual crítico: la de generar un universo discursivo que se transforme en el horizonte de toda una época, más allá de los avatares y las contingencias inmediatas del "nombre de autor" que dibujó por primera vez esa línea horizontal. Esto es lo que lograron, para nuestra modernidad, Marx o Freud.

¿Acaso es ese horizonte el que –según se nos dice– ha *desaparecido*? Pero un horizonte no desaparece: se *desplaza*. Tampoco, en ese desplazamiento, se *aleja*: se *mueve* junto con el que camina hacia él, pero a su mismo ritmo, manteniéndose a una distancia constante de su mirada. Para que un horizonte verdaderamente desapareciera –y pudiera, por lo tanto, ser sustituido por otro– tendría que demostrarse que ha desaparecido la época entera para la que fue concebido. Para el caso: tendría que demostrarse que ha desaparecido el capitalismo. O que ha desaparecido el inconciente. Dos cosas, evidentemente, indemostrables (aunque no, como se verá luego, estrictamente improbables como postulados ideológicos). Es obvio que en 1989 –para tomar una fecha ya emblemática– desaparecieron los así llamados "socialismos reales", ya sea que lo lamentemos o no. Pero el horizonte discursivo que inauguró Marx no es el de una teoría de los socialismos reales: es el de una teoría (crítica) del *capitalismo* real. No se ve por qué esa crí-

6. Jean-Paul Sartre: *El idiota de la familia*, vol. I, Buenos Aires, Tiempo Contemporáneo, 1975.

tica –esa "protesta" teórica, si se la quiere pensar así– no habría de sobrevivir al naufragio "individual" de lo que, mal o bien (personalmente, creemos que mal) se erigió en su nombre. Y con mucha más razón en una época en la que, en cierto sentido *por primera vez en la historia*, la llamada "globalización" ha creado, es cierto que en forma paradójica, las condiciones de un capitalismo universal previstas por Marx para una crítica teórico-práctica igualmente universal de ese modo de producción.

La paradoja a la que nos referimos es evidente y escandalosa –lo cual no significa que no tenga sus razones de ser–: es *justamente* en el marco de esas condiciones de "universalización" que recrudecen y se radicalizan las recusaciones a toda forma de "universalismo", a la noción de "totalidad", a las grandes categorías históricas y a los "grandes relatos", y se promociona una estética (ya se verá por qué la llamamos así) del fragmento y, para decirlo todo, una nueva y poderosa forma de fetichismo ideológico.

Pero, ante todo, estamos eligiendo mal nuestras metáforas: la del marxismo, como la del psicoanálisis, no es (no debería ser) una mera *supervivencia*, como quien dice la supervivencia anómala de una especie que tendría que haberse extinguido y por lo tanto se conserva, en el mejor de los casos, en el zoológico exótico de algunas cátedras universitarias. Es la *persistencia* siempre renovada de una práctica transformadora y de una manera de pensar el mundo lo que está en juego. Que de la *teoría crítica* de la cultura –tal como podía postularla, por ejemplo, la mencionada Escuela de Frankfurt– se haya pasado a los *Estudios Culturales*, es algo más que la simple adaptación de una moda norteamericana, o que la comprensible disputa por la inclusión en el mercado de los financiamientos académicos. Es, *además* de eso, el síntoma de la sustitución de un intento de *puesta en crisis* de las hegemonías culturales en su conjunto por la observación etnográfica de las dispersiones y fragmentaciones político-sociales y discursivas producidas por el capitalismo tardío y expresadas en su "lógica cultural", como ha etiquetado Jameson al así llamado "posmodernismo".[7]

Es decir: esto es lo que parecen haber *devenido* los Estudios Culturales, luego de su emergencia en trabajos como los de Raymond Williams o Stuart Hall, en los que todavía se conservaba el impulso de su vinculación con la política en general, y en particular con las formas, orgánicas o no, de resistencia cultural por parte de diversos sectores oprimidos, marginados o subordinados: han devenido –especialmente en su cruce del Atlántico a la universidad norteamericana, y con mayor fuerza luego de la "colonización" postestructuralista de los centros académicos– un (allá) bien financiado objeto de "carrerismo" universitario y una cómoda manera de sacar patente de radicalismo ideológico-cultural desprovisto del malestar de una crítica de conjunto a lo que solía llamarse el "sistema": es notorio, en este sentido, que el *culturalismo* (que no es lo mismo que la rigurosa atención debida a una dimensión simbólica mucho más decisiva de lo que la tradicional vulgata marxista quiso reconocer) característico de los *Cultural Studie*s ha renunciado casi por completo –salvo en casos como los ya citados– a toda preocupación por las articulaciones (todo lo mediatizadas o "sobredeterminadas" que se quiera) histórico-sociales o político-económicas de los

7. Fredric Jameson: *El posmodernismo o la lógica cultural del capitalismo avanzado*, Buenos Aires, Paidós, 1992.

procesos culturales.[8] Para no hablar –*vade retro*– de la vituperada y anacrónica categoría de *clase*, que frente a los particularismos étnicos, subculturales o de género, aparece hoy como una pura entelequia "textual" o un vergonzante resto arqueológico de las eras "(pre)históricas". En fin, ¿para qué abundar? A continuación quisiéramos ensayar un mínimo replanteo de algunas de estas cuestiones, sobre la base de dos presupuestos generales, claramente inspirados en trabajos como los de Jameson y Žižek.

Primero: los logros originales –que es imprescindible rescatar y revaluar– de los "Estudios Culturales" han venido precipitándose en los últimos años, como decíamos, en el abismo de una cierta (no decimos que necesariamente conciente) complicidad con lo peor de las teorizaciones *post* (modernas/estructuralistas/marxistas). Ello es explicable, en buena medida, por el progresivo ensanchamiento de la brecha entre la producción intelectual y el compromiso político (aunque fuera también él meramente "intelectual") que es el producto de la derrota de los movimientos post-Mayo del '68, y la consiguiente sumisión a formas relativamente inéditas de fetichización mercantil producidas por el capitalismo tardío. Claro está que ello no significa *en absoluto* que esas nuevas formas de dominación puedan enfrentarse con los instrumentos teórico-prácticos tradicionales de un marxismo anquilosado, como si para él no hubiera transcurrido una Historia, por otra parte considerablemente dramática. Pero no basta tampoco apelar ritual-

8. Aquí definiremos "culturalismo", rápidamente, como la autocontradictoria idea de una determinación "en última instancia" de las relaciones sociales y la subjetividad por parte de la cultura pensada como pura contingencia.

mente a una necesaria "renovación" de aquellos instrumentos si no se está dispuesto a discriminar críticamente la paja del trigo: después de todo, como dijo alguna vez un viejo marxista, "aquellos que no sean capaces de defender antiguas posiciones, nunca lograrán conquistar las nuevas".[9]

Segundo: por esa misma razón, tampoco es cuestión de echar por la borda indiscriminadamente *todas* las postulaciones de las teorías "post" incorporadas por los Estudios Culturales, en la medida en que ellas representen legítimas formas de tratamiento de problemas inevitablemente no previstos por las "narrativas" clásicas. Pero sí de *reinscribirlas* en aquellos horizontes no agotados de los que hablábamos al principio. Como explicaba Althusser a propósito de lo que llamaba "lectura sintomática", el problema no está tanto en las respuestas "post" (que pueden ser perfectamente correctas), como en la restitución de las *preguntas* no formuladas –o ideológicamente desplazadas– a las que esas respuestas se dirigen sin (querer) saberlo.[10]

Para nuestro caso, se trata de restituir la pregunta por las relaciones entre los *fragmentos* (culturales, sociales, textuales, de género, de identidad, etc.) a que son tan afectos los Estudios Culturales, y la totalidad, una categoría cuya devaluación actual *en abstracto* es, sostendremos, un síntoma de barbarie teórica e ideológica. Y desde ya adelantamos –aunque luego volveremos sobre el tema– que aquí tomamos el término "totalidad" en la acepción clara y precisa que le da Jameson, a saber, el de

9. Trotsky, León: *En defensa del marxismo*, Buenos Aires, Pluma, 1972.

10. Althusser, Louis: *Para leer "El Capital"*, México, Siglo XXI, 1972.

modo de producción.[11] Entendiendo esta expresión, claro
está, en un sentido mucho más amplio, más dialéctico y
más complejo que el meramente economicista de "fuerzas productivas". Entendiéndola, incluso, en el sentido
filosófico, histórico y crítico que puede tener en un
Adorno, y que Jameson no deja de recordar en su estu-
pendo texto sobre el autor de la *Dialéctica negativa*.[12]

La restitución de esa pregunta, sostendremos una
vez más, aún –y más que nunca– puede hacerse por la
vía de repensar aquella tradición del marxismo occidental –en particular la que va del primer Lukács a la Escuela de Frankfurt, aunque no deberían desestimarse
nombres hoy menos transitados como el de Sartre– y su
relación con el psicoanálisis, especialmente como ha sido pensada a partir de Althusser, y como está siendo re-
pensada hoy en los trabajos del propio Jameson y de
Slavoj Žižek. Esta tradición es, en efecto, la "causa ausente" que aparece actualmente renegada en el pensamiento postestructuralista en el que se abrevan mayori-
tariamente los Estudios Culturales. Como ha dicho el
mismo Žižek, el tan promocionado y comentado debate entre Habermas y Foucault, por ejemplo, desplaza y
oculta el debate implícito pero más profundo que se ha
llevado a cabo en las últimas décadas, identificable con
los nombres de Althusser y Lacan.[13] Vale decir, el deba-

11. Fredric Jameson: *Teoría de la postmodernidad*, Madrid, Trotta,
1995. Está asimismo claro que "modo de producción" es, para
Jameson (y para nosotros) mucho más que su "base económica" en el
sentido vulgar, puesto que incluye las relaciones de producción –por
lo tanto, la lucha de clases– atravesadas por las relativamente autónomas instancias jurídico-políticas, ideológico-culturales, estéticas,
etcétera, tal como lo explicamos un poco más adelante.

12. Fredric Jameson: *Late Marxism*, Londres, Verso, 1990.

13. Slavoj Žižek: *El sublime objeto de la ideología*, México, Siglo
XXI, 1992.

te que (luego de los equívocos y las inconsistencias del "freudomarxismo" de Wilheim Reich y sus seguidores) por primera vez permite concebir una articulación crítica entre las dos principales formas de pensamiento crítico del siglo XX.

Pero retomemos por un momento la cuestión de la "observación etnográfica", característica de los Estudios Culturales actuales, a la que hacíamos mención. Naturalmente, esa observación, ese registro minucioso y diversificado, tiene su razón de ser y tiene su indudable utilidad. Tiene su razón de ser en la profundidad de las transformaciones sociales, ideológicas e incluso subjetivas operadas en la cultura occidental (aunque no sólo en ella) en las últimas décadas: principalmente, la desdiferenciación –o, al menos, la problematización– de identidades que las ciencias sociales tradicionales imaginaban como preconstituidas y sólidas (la nación, la clase, la adscripción político-ideológica) y la emergencia *teórico-discursiva* y *académica*, porque en la "realidad" existieron siempre, de identidades –y por lo tanto de problemáticas– más "blandas" y en permanente redefinición (el género, la etnicidad, la elección sexual, el multiculturalismo, etc.) que obligan a multiplicar y "ablandar", asimismo, las estrategias de la así llamada *desconstrucción* de los dispositivos de discurso unitarios y totalizadores que pretendían dar cuenta de las identidades "antiguas". Lo que está en juego, en una palabra, es una cierta cuestión de límites.

En efecto, una noción central para la teoría literaria y psicoanalítica y en general para la crítica cultural contemporánea –y, por extensión, para las ciencias sociales, que desde la década del '60 han venido inspirándose progresivamente en las disciplinas de la "significación"– es la noción de *límite*. El límite, como se sabe, es la simultaneidad –en principio indecidible– de lo que articula y separa: es la línea entre la Naturaleza y la Cultura, entre la Ley y la Transgresión, entre lo Conciente y lo Inconciente, entre lo Masculino y lo Femenino, entre la Palabra y la Imagen, entre el Sonido y el Sentido, entre lo Mismo y lo Otro. Es también –y en esto se constituye en un tema casi obsesivo de los estudios culturales "post"– la línea entre los *territorios*, materiales y simbólicos: territorios nacionales, étnicos, lingüísticos, subculturales, raciales; territorios, en fin, *genéricos*, en el doble sentido de las "negociaciones" de la identidad en el campo de las prácticas sexuales, y de los *géneros* literarios, estéticos o discursivos en general.

Y esto, decíamos, tiene su utilidad: nos ha permitido complejizar e interrogar de nuevas maneras la herencia teórica del marxismo, del psicoanálisis y, en términos globales, del pensamiento crítico de izquierda. Respecto del marxismo (para circunscribirnos, por el momento, a él) es obvio que la categoría de los Estudios Culturales más cuestionada por el postestructuralismo es la que remite a la "metáfora arquitectónica" del esquema base (económica) / superestructura (ideológica, jurídico-política, estética, etcétera), y tal cuestionamiento es hasta cierto punto justo. Pero esta crítica, intencionalmente o no, suele pasar por alto algunos hechos a nuestro juicio fundamentales:

Para empezar, el propio Marx nunca entendió el término "economía" en el sentido estrecho (digamos, "técnico") en que lo entiende la mayoría de los economistas; más bien al contrario, su crítica de la economía política (tal es el programático subtítulo de *El Capital*) parece estar dirigida a la disolución teórica de la economía como "ideología burguesa". Por otra parte, está suficientemente claro –aun en sus escritos más "didácti-

cos", como el *Manifiesto* o la "Introducción de 1857"– que
la famosa "base económica" (una expresión ciertamente
desafortunada de Marx) implica no sólo el desarrollo de
las fuerzas productivas, sino su relación conflictiva con las
relaciones de producción, es decir, en términos estrictamente marxianos, con la *lucha de clases*, explícita o latente. Por lo tanto, la propia "base económica" está ya
siempre atravesada por los "momentos" *político* (la organización de las clases y sus fracciones en relación con el
Estado y con sus posiciones en el mercado de capitales
y trabajo), *jurídico* (las regulaciones legales de dicha organización y del régimen de propiedad), *ideológico* (la reproducción "motivacional" de las relaciones de producción, las normas morales y religiosas, la legitimación del
poder político y social, etcétera), e incluso *cultural* en
sentido amplio (la promoción, conciente o no, de ciertos "estilos de vida", prácticas y comportamientos, gus-
tos estéticos y literarios, formas de producción y consumo, pautas educacionales e informativas, etcétera).

Si ello es así, no se ve cómo *desde el propio Marx* podría defenderse –salvo mediante una lectura de decidida
mala fe– una versión "reflexológica" o mecanicista de
las relaciones base/superestructura. Tampoco se trata
–*malgré* Laclau y otros "posmarxistas"–[14] de ningún "reduccionismo de clase": las "identidades" múltiples con-
figuradas por la *coexistencia desigual* y combinada de esas
posiciones identitarias relativamente autónomas y con
límites imprecisos –la del ciudadano, la del consumidor,
la de la elección sexual, religiosa o estética– no están *directamente* determinadas por la "identidad" de clase, que
de todos modos tampoco supone una "pertenencia" rí-

14. Cf., por ejemplo, Ernesto Laclau y Chantal Mouffe:
Hegemonía y estrategia socialista, México, Siglo XXI, 1989.

gida, desde siempre y para siempre. Pero no se entiende por qué –en el contexto de formaciones sociales en las que *existe*, y cada vez más, la diferencia básica entre propiedad y no propiedad de los medios de producción– esta afirmación hoy casi perogrullesca sería lógicamente contradictoria con la que sostiene una articulación de esas "identidades" con el *proceso* de la lucha de clases, que "sobredetermina" los *espacios* de construcción (y, por cierto, de "desconstrucción") de las identidades. Es este tipo de articulación y categorización el que Jameson –y, a su manera más "mediatizada", Žižek– no está dispuesto a abandonar, al menos hasta que se demuestre su estricta inutilidad.

Es evidente, por otra parte, que hay "identidades" –digamos, la racial, o la sexual en sentido biológico– que son *en su origen* completamente independientes de los procesos económicos o sociopolíticos; pero ¿quién podría seriamente sostener que el desarrollo de la lucha de clases no tiene influencia sobre la situación de los negros o de las mujeres?

Una tendencia dominante en el pensamiento posmoderno aun "de izquierda" (y que lamentablemente ha permeado a buena parte de los Estudios Culturales), sin embargo, es la acentuación –perfectamente legítima– de aquellas identidades "particulares" *a costa* –lo que ya no es tan legítimo– de la casi total expulsión de la categoría "lucha de clases" fuera del escenario histórico y sociocultural. ¿Será excesivamente "anacrónico" considerar que dicha eliminación constituye un *empobrecimiento* y una *simplificación* –y no, como se pretende, un enriquecimiento y una complejización– del pensamiento teórico-crítico? Es necesario ser absolutamente claro también en esto: todavía no se ha inventado una categoría que permita explicar mejor el modo de producción capitalista que la categoría de "clase"; los argumentos que aducen una disolución de las clases, y en particular del proletariado, sobre la base de las transformaciones profundas que ha sufrido el capitalismo en las últimas décadas, son por lo menos irracionales, cuando no directamente reaccionarios: que el *contenido* específico de la "experiencia de clase" y sus formas de "conciencia" (en el sentido thompsoniano)[15] ha cambiado sustantivamente, sería absurdo negarlo. Pero insistimos: mientras exista la propiedad privada de los medios de producción, habrá clases, y habrá *proletariado*. Más aún: se podría demostrar –como intenta hacerlo Jameson– que el capitalismo tardío, transnacional y globalizado, está generando –junto a modos inéditos de liquidación de la clase obrera industrial tradicional– una suerte de *superproletariado* mundial, cuya forma no estamos aún en condiciones de prever, pero que dará más de una sorpresa en el siglo que viene. En ese contexto, para retomar la regocijante ironía de Jameson, acusar a los que seguimos empeñados en el análisis "totalizante" del modo de producción de "nostálgicos de la clase", equivale poco más o menos a acusar a un muerto de hambre de ser "nostálgico de la comida".[16]

Desde luego, no se nos escapa que por detrás de ese cuestionamiento a la "lógica de clase" está el éxito que en los últimos años han conocido las reflexiones más o menos foucaultianas sobre la "microfísica del poder", así como la promoción teórica y política –a la cual los Estudios Culturales han contribuido en gran medida– de los llamados "movimientos sociales", articula-

---

15. E. P. Thompson: *La formación de la clase obrera inglesa*, y también *Costumbres en común*, Barcelona, Crítica, 1993.
16. Fredric Jameson: *Teoría de la postmodernidad*, ob. cit.

dos según otros intereses y demandas (así como también según otros tiempos y características organizativas) que los de la clase. No obstante, insistiremos en que ambas formas no sólo no son necesariamente incompatibles, sino que mucho puede ganarse (nuevamente, tanto en términos teóricos *como* políticos) del análisis de sus posibles formas de articulación, aunque no podemos menos que compartir las ironías deslizadas por Jameson –en el trabajo incluido en este volumen– a propósito del término "articulación", que ha terminado por transformarse en uno de esos *explicatodo* que finalmente explican bien poco.

Por otra parte, no cabe duda de que el interés por la "micropolítica" y por los "nuevos movimientos sociales" es un fenómeno típicamente *posmoderno* –lo cual, por supuesto, en sí mismo no le quita valor–: debe, por lo tanto, ser rigurosamente *historizado*, en tanto producto de la prodigiosa expansión multinacional del capitalismo y la consiguiente "desdiferenciación de identidades" a la que alude Scott Lash,[17] que ha seguido a las etapas del capitalismo clásico del siglo XIX (en la que se conformaron el proletariado y el movimiento socialista como tales) y del imperialismo en sentido leniniano (en la que apareció el problema de la relación entre la "liberación social" del proletariado mundial y la "liberación nacional" de los países dependientes y semicoloniales). El capitalismo transnacionalizado de la actualidad, pese a las apariencias, no ha *eliminado* las etapas anteriores: en todo caso, las ha *integrado* (dialécticamente, si se nos permite), agregando la cuestión ya aludida de la desdiferen-

---

17. Scott Lash: *Sociología de la postmodernidad*, Buenos Aires, Amorrortu, 1997.

ciación de identidades y la consecuente multiplicación
–asimismo desdiferenciada y "microlocalizada"– de potenciales puntos de conflicto.

Este fenómeno tiene su expresión teórica también
–aunque desde luego no puede reducirse a ella– en los
igualmente multiplicados cuestionamientos "postestructuralistas" o "posmarxistas" a toda forma pensable de
"identidad" estabilizada o incluso políticamente construi-
ble, idea que cae bajo la acusación de pertenecer a un pensamiento de la "totalidad", cuando no directamente "tota-
litario". Nada más falso, y volveremos sobre el tema;
digamos por ahora, otra vez siguiendo a Jameson, que la
aparición de los "nuevos movimientos sociales" es sin duda un extraordinario fenómeno histórico que se complica con la explicación que muchos ideólogos "post"
creen poder proponer: a saber, que surgen en el vacío
dejado por la desaparición de las clases sociales y de los
movimientos políticos organizados en torno de ellas.[18]

En estos análisis no queda en absoluto claro –insiste Jameson– cómo podría esperarse que *desaparecieran*
clases enteras, y ello sin mencionar el peligro que entraña el dejar teórica, política y organizativamente inermes
a dichos movimientos ante la conclusión lógica de que
también la clase dominante –que sí tiene una "identidad" notablemente sólida, unificada y organizada– podría haber desaparecido, o al menos podría ver su poder
disuelto en la "microfísica" de una cotidianidad frag-
mentada y atomizada. Como lo ha visto agudamente
Eagleton, esto *no es* contradictorio con las considercio-
nes pesimistas sobre el carácter todopoderoso del "Sis-

---

18. Fredric Jameson: *Teoría de la posmodernidad*, ob. cit.

tema", sino que más bien es la otra cara, llamémosla
dialéctica, de la misma moneda: en efecto, "si el Sistema es considerado todopoderoso [...] entonces las fuentes de oposición pueden encontrarse fuera de él. Pero si
es *realmente* todopoderoso, entonces por definición no
puede haber nada fuera de él, de la misma manera que
no puede haber nada fuera de la infinita curvatura del
espacio cósmico. Si el Sistema está en todas partes, así
como el Todopoderoso no aparece en ningún lugar en
particular y por lo tanto es invisible, puede decirse entonces que no hay ninguna clase de sistema".[19]

La insistencia excluyente en los movimientos sociales y el multiculturalismo, por lo tanto, entraña el peligro de un desarmante descuido del análisis del "sistema"
como *totalidad articulada* (por el contrario, el análisis del
sistema en estos términos de totalidad articulada obliga a
restituir a la teoría el eje de las clases y sus luchas, justamente en su *articulación* con otras formas de resistencia).
Es cierto que esa "totalización" es por definición *incom-
pleta* –lo cual, en principio, distinguiría al "todo social"
marxista (y con más razón, al freudiano) de la "totalidad
expresiva" hegeliana, al menos tal como es entendida
por Althusser–: la paradoja es que aquel mismo resto
inasimilable que permite a la totalidad capitalista funcionar y aparecer en su completud (es decir, la plusvalía
y la explotación del proletariado) es lo que, de un modo
"sintomático" (diría Žižek) *denuncia* su carácter de "no-
todo", y desmonta desde adentro la consistencia de la
ideología dominante. Pero ello no es un argumento para el abandono de la categoría "lucha de clases" a favor
de la de "multiculturalismo", sino precisamente todo lo

19. Terry Eagleton: *Las ilusiones del posmodernismo*, Buenos
Aires, Paidós, 1997.

contrario. Porque es la lucha de clases lo que muestra la fractura constitutiva de la sociedad (que no tiene por qué, desde ya, coincidir con las fracturas de la *cultura*, aunque sin duda en una sociedad histórica particular tienden a intersectarse). Al contrario de lo que se apresuran a criticar las teorías "post" en el marxismo, la noción de lucha de clases no pretende erigirse en ninguna "centralidad" del modo de producción, sino al revés, mostrar su estructura como decididamente des-centrada, así como la noción freudiana de inconciente muestra la estructura descentrada del sujeto, contra las ilusiones "centralistas" del sujeto cartesiano o kantiano.

Por otra parte, tal insistencia en el multiculturalismo –entendido como la coexistencia híbrida y mutuamente "intraducible" de diversos "mundos de vida" culturales– puede interpretarse también "sintomáticamente", nos advierte Žižek, como la forma negativa de la emergencia de su opuesto, de la presencia masiva del capitalismo como sistema mundial *universal*. Puesto que el horizonte del "imaginario social e histórico" (para utilizar la expresión de Castoriadis) ya no nos permite abrigar la idea de un eventual derrumbe del modo de producción capitalista (limitación del imaginario que se expresa teóricamente en la recusación de las nociones de "totalidad" y "clase") se termina aceptando silenciosamente que el capitalismo *está aquí para quedarse*. La energía crítica, en este contexto, encuentra una válvula de escape sustitutiva en la lucha –sin duda necesaria, pero no suficiente– por diferencias culturales que, en el fondo, dejan intacta la homogeneidad básica del sistema mundial capitalista. No podríamos expresarlo mejor que Žižek:

> [...] Nuestras batallas electrónicas giran sobre los derechos de las minorías étnicas, los *gays* y las lesbianas,

los diferentes estilos de vida y otras cuestiones de ese tipo, mientras el capitalismo continúa su marcha triunfal. Hoy la teoría crítica –bajo el atuendo de "crítica cultural"– está ofreciendo el último servicio al desarrollo irrestricto del capitalismo al participar activamente en el esfuerzo ideológico de hacer visible la presencia de éste: en una típica "crítica cultural" posmoderna, la mínima mención del capitalismo en tanto sistema mundial tiende a despertar la acusación de "esencialismo", "fundamentalismo" y otros delitos.[20]

Lo que sí queda más claro, pues, es de qué múltiples maneras esta concepción alternativa (la de que los "nuevos movimientos" son *sustitutivos* y *no complementarios* de una clase trabajadora en vías de extinción) puede poner la "micropolítica" a disposición de las más obscenas loas al pluralismo y la democracia capitalistas contemporáneos: "el sistema se felicita a sí mismo por producir cada vez más sujetos estructuralmente no utilizables", dice Jameson.[21] Mientras tanto, se pierde de vista –y se expulsa de la investigación teórica tanto como de la acción política– el lugar *constitutivo* (es decir, "estructural", es decir, cómo no, "totalizador") que sigue teniendo para el sistema la diferencia entre propiedad y no propiedad de los medios de producción, la producción de plusvalía y la reproducción de esas relaciones productivas que se estiman como "desaparecidas".

20. Slavoj Žižek: "Multiculturalismo o la lógica cultural del capitalismo multinacional", en este volumen.
21. Fredric Jameson: *Teoría de la postmodernidad*, ob. cit.

Cómo hacer palabras con las cosas

En lo que respecta al "momento" estrictamente cultural, simbólico, semiótico-lingüístico o como se lo quiera llamar, que constituiría la diferencia específica de los Estudios Culturales "post" respecto del marxismo, hay que recordar que existe una larga y profunda tradición marxista que ha hecho del *lenguaje* (y por extensión, del espacio simbólico-cultural o "representacional") un escenario privilegiado, y a veces incluso decisivo, de los conflictos sociales e ideológicos y de la constitución de las "identidades". Esa tradición se remonta a las primeras décadas del siglo XX, y por lo tanto es *contemporánea* de lo que ahora se llama el "giro lingüístico" producido en el pensamiento a partir de pensadores como Saussure, Peirce, Wittgenstein o Heidegger, y por lo tanto es *muy anterior* al descubrimiento de tal giro lingüístico por el estructuralismo y el postestructuralismo. Piénsese solamente en casos paradigmáticos como el de Gramsci (que mostró el lugar determinante del lenguaje y la cultura en la construcción de hegemonías y contrahegemonías, y en la "guerra de posiciones" en el seno de la sociedad civil) o el de Bajtín-Voloshinov (que con sus nociones de *dialogismo* o *heteroglosia* mostró, de manera complementaria, la densidad ideológica y la dramaticidad política del "habla" cotidiana tanto como del discurso literario y estético).

Por supuesto que hay aquí una diferencia esencial con el pensamiento "post", al menos en sus versiones más radicales: allí donde éste ve el problema de la constitución "indecidible" de las identidades y los procesos sociohistóricos como un fenómeno *puramente textual*, Gramsci o Bajtín (y ni que hablar de desarrollos posteriores como los de Benjamin, Adorno, Althusser, etcétera) nunca descuidan el análisis de la relación –claro está que problemática y cargada de "indecidibilidades", ambigüedades e inestabilidades de todo tipo– de esa *textualidad* con la lucha de clases y con las formas en que los discursos ideológicos o culturales en general se encarnan en instituciones, prácticas, conductas y enunciados "materiales". Es precisamente la *tensión* (sí, en principio, "indecidible", y por consiguiente sometida a las contingencias sobredeterminadas de la hegemonía) entre esas "materialidades" y las "abstracciones" ideológico-discursivas, lo que constituye la escena de la lucha por el sentido y las identidades.

Para Bajtín, por ejemplo, la trama social no es *simplemente* discursiva. El discurso no es un registro totalmente autónomo: es un aspecto emergente –si bien con frecuencia decisivo– de un complejo multifacético de relaciones sociales y de poder, que tienen un efecto poderoso sobre el lenguaje y los discursos. "Las *formas* de los signos –dice Bajtín (y nótese que no habla meramente de los "contenidos")– están condicionadas por la organización social de los participantes involucrados".[22] Lo cual incluye, por supuesto, las formas *resistentes* al poder y la dominación (es archiconocido el ejemplo bajtiniano de la cultura "carnavalesca").[23] El discurso está, por lo tanto, fuertemente condicionado por los modos en que distintos grupos sociales intentan *acentuar* sus "palabras" de manera que expresen su experiencia y sus aspiraciones sociales. El resultado es que "el mundo de los signos se transforma en un escenario inconciente de la lucha de clases". Esto no significa, por supuesto, que los discursos

22. Mijail Bajtín: *Marxismo y filosofía del lenguaje*, Madrid, Alianza, 1992
23. Mijail Bajtín: *La cultura popular en la Edad Media y el Renacimiento*, Barcelona, Seix Barral, 1975.

tengan *sentidos* estrictamente diferentes para las diferentes clases: Bajtín no es un simple relativista. Pero el discurso no está sólo compuesto de sentidos, sino también de *temas* y *acentos*, que articulan géneros discursivos que *expresan* tanto como producen experiencias sociales antagónicas: toda sociedad es, en este sentido, *heteroglósica* ("multiacentuada", por así decir), y sólo porque los discursos existen bajo la hegemonía de la clase dominante es que aparece como monoglósica; el lenguaje, como cualquier otro "contrato", es el producto de una cierta relación de fuerzas más que de un consenso. Sin embargo, como hay siempre resquicios para la resistencia, hay ciertos productos culturales (no sólo "populares": el ejemplo *princeps* de Bajtín es la narrativa de Dostoievski) que desnudan, intencionalmente o no, la polifonía latente bajo la aparente armonía del "consenso".

Son más que obvias las analogías que pueden encontrarse entre estas reflexiones y las de Gramsci, que estaba obsesionado por analizar las formas en que la clase dominante es capaz de construir una hegemonía ideológico-cultural sin que, no obstante, esa hegemonía pueda nunca ser completa. Si en la perspectiva gramsciana todos los hombres son, en alguna medida, "filósofos", ello es porque en su necesaria inmersión en el lenguaje incorporan de manera inconciente y asistemática "concepciones del mundo" que involucran una amalgama de ideas contradictorias, inevitablemente "heteroglósicas" (para decirlo bajtinianamente); especialmente el proletariado y las clases populares –que están sometidos a prácticas materiales y culturales que objetivamente contradicen los enunciados de la ideología dominante– no poseen, por lo tanto, una conciencia ni una "discursividad" homogénea y fijada. Una política de resistencia conciente, incluso "revolucionaria", empieza realmente cuando dicho amalgama puede ser *sistematizado* para desnudar sus contradicciones insolubles, lo cual permite la potencial construcción de un discurso "contrahegemónico".[24]

Hay, sin duda, algunas semejanzas notables entre esta posición y las posteriores tesis de Foucault contra los excesos desconstructivistas que encierran la experiencia subjetiva y social dentro de un universo puramente textual "con el objeto de no reinscribir las prácticas discursivas en un campo de transformaciones del poder en el cual ellas se desarrollan".[25] Sin embargo, ese poder, en el propio Foucault, nunca es estrictamente definido (quedando él mismo sometido a una suerte de dispersión "microfísica" que no deja de recordar a las "diseminaciones" desconstructivistas), y mucho menos en términos de *clase*. Esto no debe entenderse como un llamamiento a *descartar* a Foucault. Todo lo contrario: su estrategia neonietzscheana de construcción de una genealogía de las relaciones de poder implicadas en los dispositivos de discurso es extraordinariamente reveladora para una teoría crítica de la cultura, así como para una crítica de las ideologías liberada de reduccionismos economicistas y unilaterales. La tesis, por ejemplo, de que el poder no consiste simplemente en *reprimir* ciertas formas discursivas, sino que fundamentalmente *produce* una relación con el conocimiento –con los "saberes"– que legitima su dominación, es (valga la expresión) poderosamente productiva, además de tener profundos puntos de contacto, que el propio Foucault terminó por

24. Cfr., por ejemplo, Antonio Gramsci: *Los intelectuales y la organización de la cultura*, Buenos Aires, Nueva Visión, 1978.
25. Michel Foucault: *Diálogo sobre el poder*, Madrid, Alianza, 1986.

reconocer, con las teorizaciones frankfurtianas sobre la "industria cultural". Y asimismo, como ha señalado recientemente Stuart Hall, lleva por su propia lógica de razonamiento a restituir la cuestión del *sujeto* –de cómo y por qué hay un componente activo y "autoconstituyente" del sujeto que plantea algunas preguntas críticas a la unidireccionalidad de la "interpelación" ideológica tal como la entiende Althusser–. Pero no se puede ocultar que entraña el riesgo ya señalado de una reducción inversa a la apuntada, que en el límite ve al poder y al propio sujeto como un fenómeno cuasi metafísico, de *origen* puramente discursivo.

Aquí es necesario, entonces, hacer un alto. Otro peligro que vemos avecinarse en los Estudios Culturales es el de la inversión del efecto liberador que en su momento tuvo la actualmente un poco hartante idea de "textualismo". A no preocuparse: no nos proponemos iniciar ninguna campaña contra los espectros del profesor Derrida. Pero sí sospechar que, si en una etapa esa noción –generalmente malentendida, como corresponde–[26] tuvo el valor de llamar la atención sobre el carácter de construcción discursiva y ficcional de los discursos "naturalizados" de la cultura (¿y qué otra cosa es, entre paréntesis, la crítica de la ideología, incluso tal como la practicaba Marx antes de convertirse en un fantasma?), ahora corre el riesgo de entrar en connivencia objetiva con la noción generalizada de que el universo sangriento y desgarrado en el que vivimos es una pura *ficción*, un

26. Existe actualmente una (bienvenida) corriente de revisión de la obra de Derrida, que tiende a demostrar que sus posiciones no son, justamente, de un textualismo "extremo" y totalmente ajeno a consideraciones de orden ético-político. Cfr., por ejemplo, Christopher Norris: *Teoría acrítica*, Madrid, Cátedra, 1996. No obstante,

mero *simulacro*, una expresión de eso que Vidal-Naquet llama "inexistencialismo",[27] por el cual se elimina –paradójicamente– la *diferencia*, el *conflicto* entre realidad y representación. Un conflicto que es precisamente, como quería Adorno, la marca política y "comprometida" del arte y la cultura autónomos. [28] Política y comprometida no, desde ya, por su toma de partido explícito (aunque no militamos, personalmente, en las filas de quienes cuestionan toda forma de arte explícitamente político: eso llevaría a la ridiculez de eliminar del arte del siglo XX telas como el *Guernica*, libros como *La condición humana* o filmes como *El Acorazado Potemkin*) sino precisamente por el carácter revulsivo de su puesta en crisis del *vínculo problemático* entre "realidad" y lenguaje estético-cultural.

Una eliminación que es también, nos parece (aunque no tenemos el tiempo ni la competencia para demostrarlo aquí), la búsqueda de la eliminación del inconciente mismo, ya no como categoría teórica sino como lugar de lo irrepresentable, de expresión del carácter inarticulable de lo Real. La postulación del mundo como pura *ficcionalidad* (no ajena, en cierto modo, al triunfo de una ubicua obscenidad de las imágenes en manos de los medios de comunicación, y al carácter abstracto y especulativo del capitalismo actual), ¿no apunta a suprimir esa *distancia crítica* que permite situar a la ficción en el lugar de

---

aun en las últimas obras de Derrida, ciertamente más atravesadas por una preocupación política, la impronta "textualista" sigue siendo lo suficientemente fuerte como para dar lugar a las sobreinterpretaciones.

27. Pierre Vidal-Naquet: *Los asesinos de la memoria*, México, Siglo XXI, 1993.

28. Cfr., por ejemplo, Theodor W. Adorno: *Teoría estética*, Madrid, Taurus, 1981.

una Verdad impensable? A uno le dan ganas de amonestar, de decir: señores, entérense de que la Guerra del Golfo sí *ha tenido lugar*, y parece ser incluso que allí (o en Ruanda, o en Bosnia-Herzegovina, o aquí cerca en la calle Pasteur) sí se ha matado gente. Entérense, quiero decir, de que la lucha de clases, la violencia política y el inconciente sí existen *fuera del texto*: casualmente son *ellos* los que constituyen esa "otra escena" que permite que el texto *sea*, que se erija en toda su irreductible especificidad y autonomía como síntoma de lo indecible y de lo impensable.

Conviene no olvidar, en efecto, que la palabra "texto" deriva de *texere*, "tejer" o "componer", y en su uso extendido designa una textura o trama de relaciones entretejidas con la materia lingüística. Su rol *crítico* como concepto es el de problematizar las distinciones y jerarquías convencionales, como las rutinas sociologizantes que presentan al texto como mero documento o indicador de un fundamento, realidad o "contexto" más básicos. Sin embargo, el uso y abuso del concepto inevitablemente levanta el espectro de "imperialismo textual" o "pantextualismo". Cuando la noción de texto es *absolutizada*, nos confrontamos con el tipo de interpretación reductiva y paralizante que el propio concepto se proponía combatir, o al menos evitar. Referirse a lo real como "textualidad" es (o debería ser) un obvio recurso metafórico. Pero, justamente, como metáfora lo que debería hacer es llamar la atención sobre el problemático vínculo entre las prácticas sociales, políticas e ideológicas por un lado, y por otro los "juegos de lenguaje", cuya "liberación" de significantes puede así ser entendida también –aunque no únicamente, claro– como la *renegación* (ideológica) de aquel vínculo.

Y esto es algo que, contra la vulgata generalizada, los mejores exponentes de los Estudios Culturales jamás

Eduardo Grüner

han dejado de tener en cuenta. Véase, si no, la inequí-
voca posición de Stuart Hall, cuando dice: "Pero yo todavía pienso que se requiere pensar en el modo en el
cual las prácticas ideológicas, culturales y discursivas
continúan existiendo en el seno de líneas determinantes
de relaciones materiales [...] Por supuesto, tenemos que
pensar las condiciones materiales en su forma discursiva determinada, no como una fijación absoluta. Pero
creo que la posición textualista cae frecuentemente en
el riesgo de perder su referencia a la práctica material y
a las condiciones históricas".[29] La "materialidad" a la
que se refiere Hall no es la del materialismo vulgar em-
piricista. Es aquello que de lo "real" *puede* ser articulado por una teoría que sepa que *no todo* lo real es articu-
lable en el discurso. Pero, entonces, es necesario tener
una teoría que reconozca *alguna* diferencia entre lo real
y el discurso. En efecto, aun en el terreno del "puro significante" de la poesía o la literatura es discutible que no
haya nada "fuera del texto": la literatura más interesante de la modernidad, justamente, es la que pone en escena la imposibilidad de que el texto lo contenga *todo*
(Kafka o Beckett, por citar casos ejemplares).

Es, precisamente, esta dimensión de *lo real*, en su
diferenciación de (y oposición a) la "realidad", tal como
fue originalmente postulada por Lacan, la que constituye uno de los ejes centrales de la obra de Žižek, en relación con los "fantasmas" que subtienden el registro de
lo ideológico. De lo ideológico, además, entendido como *fuerza material* que afecta directamente al cuerpo de
los sujetos, incluyendo los sujetos colectivos que han tenido que sufrir los avatares de lo real-fantasmático en la

29. Stuart Hall: *Critical Dialogues in Cultural Studies*, Nueva
York-Londres, Routledge, 1995.

política del siglo XX. Desde sus primeros artículos sobre el totalitarismo, toda la obra de Žižek está atravesada por esta obsesión de mostrar aquello que desborda al discurso (también, y especialmente, el político-ideológico), aquello que no puede ser reducido al "texto", aunque dependa de él para hacerse *aparente*.

Sin duda, esa "apariencia" reconoce su propio régimen de Verdad, que podemos denominar como lo Simbólico. Pero no parece tan legítima la simple y llana confusión de dicho régimen con el registro de lo que solemos llamar la "realidad". En todo caso, la "realidad" es lo Imaginario: aquello, precisamente, que constituye para el Sujeto una totalidad de sentido sin fisuras, que le da una plenitud ante sí mismo y ante los otros. O, para mayor precisión: la "realidad" es un cierto *anudamiento* de lo Imaginario a lo Simbólico, que permite que la experiencia compartida de la realidad (el "código" universal de la lengua, por ejemplo), deje lugar para la *singularidad* de la imagen vuelta sobre sí misma. Lo Simbólico se *monta* sobre ese Imaginario (está claro, por ejemplo en la teoría lacaniana del estadio del espejo, que lo Imaginario es imprescindible para la simbolicidad) para cuestionar *desde adentro*, aunque de manera inconciente para el Sujeto, tal plenitud: es la función del "Nombre del Padre", que permite al sujeto confrontarse con su propia *falta*, con su castración, so pena de psicosis.

Trasladémonos al análisis político. La operación teórica por la cual Marx interpela al proletariado no es (al menos, no principalmente) del orden de lo Imaginario (no es, pues, equivalente a la interpelación populista o a la liberal, con sus apelaciones a la "universalidad" del Pueblo o del Mercado), sino de lo Simbólico: lo que Marx está diciendo –como hemos adelantado más arriba– es que hay "algo" en la "realidad" del capitalismo

que es absolutamente vital para su funcionamiento pero
que, al mismo tiempo, no permite un completo "cierre"
de su Sentido, ya que revela que el sistema de equivalencias universales construido por su ideología tiene una falla,
un resto inarticulable. Ese "algo" ha pasado a la historia
con el nombre de *plusvalía*. Y Lacan, entre paréntesis, no
pierde la oportunidad de asimilarla al "plus-de-goce" que
amenaza con precipitar al sujeto en lo Real. Ese "algo" es
lo que le ha permitido recordar a Žižek la afirmación lacaniana de que Marx es el descubridor de la teoría psicoanalítica del síntoma.[30] Y ese "algo" es lo que hace que
la interpelación al proletariado –a la clase "productora"
del sistema y al mismo tiempo del *síntoma* capitalista–
no sea un capricho, ni una intervención hegemonizante
puramente "decisionista", ni un significante vacío, sino
una *operación simbólica* "sobredeterminada" por las condiciones de la relación entre lo "real" y la "realidad".
Mas aún: ese "algo" es también lo que permite, en principio, explicar (como lo ha hecho brillantemente Jameson profundizando una idea de Adorno)[31] la propia forma de *subjetividad imaginaria* característica del
capitalismo: esa subjetividad es el producto de una renegación (ella sí "ideológica") que postula una Totalidad
sin faltas, sin *diferencias*, clausurada bajo la forma de un
múltiple sistema universal de equivalencias abstractas:
equivalencia de los objetos en el mercado, equivalencia
de los sujetos "ciudadanos" en el Estado y de los sujetos
"consumidores" en el propio mercado.

Por otro lado, esta tensión entre los particularismos
y la Universalidad es también el trasfondo de esa "nos-

30. Cfr. Slavoj Žižek: *El sublime objeto de la ideología*, México, Siglo XXI, 1989.
31. Fredric Jameson: *Late Marxism*, ob. cit.

talgia de la Totalidad" que está en la base del fenómeno más enigmático de la postmodernidad "globalizada", el fenómeno que por excelencia se ha transformado en el síntoma más cabal de que las categorías presurosamente abandonadas (o, mejor, *forcluidas*) en lo Simbólico acaban retornando en lo *real*: los así llamados "neofundamentalismos". La *falsa totalidad* de los neofundamentalismos que son, hay que recordarlo, una búsqueda de "identidades" nuevas, aunque aparezcan como búsqueda de una perdida identidad previa– resulta, como lo explica Žižek, "de una fractura constitutiva en la cual la *negación* de una identidad particular transforma esta identidad en el símbolo de la Identidad y la Completud como tal".[32]

Y, en esa misma vía, la mejor crítica literaria y estética reciente de orientación marxista –Eagleton, Pierre Macherey, Jameson o Franco Moretti son en ese terreno paradigmas insoslayables–, precisamente es la que no ha dejado de tener en cuenta la multiplicidad "rizomática" y textual incluso de la obra "clásica" (tal como se sigue produciendo hoy en día), denunciando su falsa apariencia de unidad orgánica (de *totalidad*, si se quiere decir así). Para Eagleton, la obra debe ser vista como un *acto* a través del cual un conglomerado de materiales heteróclitos (fenómenos lingüísticos y operaciones retóricas, materias primas sociales y psicológicas, "fantasmas" personales o culturales, fragmentos de saberes científicos y técnicos, tópicos del sentido común y de la literatura pasada y presente, etcétera, etcétera) es *condensado* bajo aquella apariencia de un to-

---

32. Slavoj Žižek: "Multiculturalismo", loc. cit.

do orgánico por el poder de las estrategias de construcción estética.[33]

Una lectura apresurada indicaría la coincidencia de
esta postura con la perspectiva *meramente* "desconstruc-
tivista" o, para decirlo sartreanamente, "destotalizado-
ra". Pero precisamente, se trata de "retotalizar" el análisis para descubrir en cada caso las *razones* (generalmente
inconcientes) de esa necesidad unitaria. Como afirma Jameson elaborando sobre las tesis de Macherey, esos materiales heterogéneos y discontinuos son de una u otra
manera sociales e históricos: llevan estampadas, aunque
sea en su "congelamiento", las huellas de antiguas luchas y de su otrora fechable emergencia; las incompati-
bilidades textuales entre, digamos, esta o aquella unidad
narrativa y esta o aquella experiencia psicológica, esta o
aquella formulación estilística y esta o aquella característica del género, pueden ser leídas como las señales y
los *síntomas* de contradicciones –o simplemente de anti-
nomias–sociales e históricas que el análisis crítico debería contribuir a develar *además y al mismo tiempo* de some-
ter la obra a la intervención "desconstructiva".[34] Moretti,
por su parte –tomamos sólo un ejemplo de los muchos
análisis semejantes que lleva a cabo–, interpreta la oposición entre las figuras literarias de Drácula y Frankens-
tein (en Bram Stoker y Mary Shelley, respectivamente)
en términos de la oposición emergente en el siglo XIX
entre burguesía y proletariado, y *simultáneamente* en
términos freudianos del "retorno de lo reprimido" y lo
"siniestro familiar". ¿Qué es lo que da su aparente *unidad* a estos materiales de registros tan disímiles (históri-

33. Terry Eagleton: *Literary Theory: an Introduction*, Cambridge,
Blackwell, 1983.
34. Pierre Macherey: *Theorie de la production literaire*, París,
Seuil, 1974.

co-social uno, inconciente-antropológico el otro)? Justamente la *estrategia textual* de "desplazamiento" ideológico de los terrores de la burguesía decimonónica (que es la que *escribe*); pero esto no va en detrimento del valor estético de esos textos, sino todo lo contrario: es *porque* tienen un alto valor estético –al menos, en los límites de su propio género– que el desplazamiento es tanto más eficaz, y viceversa.[35] Como dice agudamente Jameson, la "genialidad" de la producción textual también puede ser entendida en términos freudianos del *trabajo del sueño*, cuya "elaboración secundaria" logra articular, realizar un *montaje* de contenidos inconcientes que resulte tolerable e incluso placentero, con una operación que Freud, significativamente, llama *sobredeterminación*.[36]

Pero a su vez, si la discontinuidad original de los elementos disímiles es vista como una serie compleja de múltiples y entremezcladas *contradicciones*, entonces la homogeneización de esos componentes inconmensurables y la producción de un texto que se muestra unificado deben ser entendidos como algo más que un acto estético: es también un acto *ideológico*, y apunta –al igual que los mitos según Lévi-Strauss– a nada menos que la resolución *imaginaria* del conflicto "real" (¿y no es así, por otra parte, como trabaja el proceso "secundario" de construcción de *identidades* que analizan tantos autores de los Estudios Culturales?). La forma textual recupera, así, su condición de acto social, histórico y protopolítico. No obstante, se debe subrayar que aquel acto ideológico mantiene su alto carácter de ambigüedad, por lo

35. Franco Moretti: *Signs Taken for Wonders*, Londres, Verso, 1995.

36. Fredric Jameson: *The Seeds of Time*, Nueva York, Columbia University Press, 1994.

cual debería ser leído de dos modos distintos e incluso antitéticos: por un lado, mediante el análisis de las operaciones de configuración de la aparente unidad, por el otro, mediante el análisis de los *restos* no articulables de contradicción que generalmente impiden que la "resolución" sea exitosa, e implican el (a menudo magnífico) "fracaso" del texto.

Como puede observarse, ésta es una estrategia crítica que –sin reducir o condicionar mecánicamente en lo más mínimo la riqueza del análisis desconstructivo– opera en los *límites* (siempre dudosos, claro está) entre el "adentro" y el "afuera" del texto, resguardando su especificidad textual pero al mismo tiempo dando cuenta de las "sobredeterminaciones" sociales, políticas o ideológicas de la totalidad/modo de producción, que son precisamente –si uno quiere respetar al menos cierta dialéctica– las que demarcan el lugar de *autonomía* relativa (ya que "relativa" significa "en relación con") de la textualidad: si todo es texto, entonces no hay texto; sólo este "entre-dos", este *in-between*, como lo llamaría Homi Bhabha,[37] permite la crítica consecuente de la *falsa totalidad* (el concepto es de Adorno)[38] construida por las ideologías hegemónicas. Las posibilidades mismas de esa crítica –siguiendo la lógica de la "lectura sintomática" althusseriana– son internas al propio texto: las dispersiones, los desplazamientos, las ambigüedades o las "indecibilidades" del sentido en que ponen el acento los desconstruccionistas pueden pensarse como *resistencias*

37. Homi Bhabha: *The location of Culture*, Nueva York-Londres, Routledge, 1994.
38. Theodor W, Adorno: *Dialéctica negativa*, Madrid, Taurus, 1978.

del "inconciente político" del propio texto (la expresión es de Jameson)[39] a la "interpelación" ideológica que busca otorgarle al texto su unificación estética (su *monoglosia*, diría Bajtín),[40] de manera análoga a cómo los sujetos sociales *resisten* (a menudo inconcientemente) las interpelaciones de la ideología dominante dirigidas a constituir a los sujetos como "identidades" fijas y sin fisuras que permitan una mejor "administración de los cuerpos" (Foucault).[41] Etcétera.

Lo que esta estrategia autoriza, pues –además de demostrar, nuevamente, que ciertos postulados "post" no tienen por qué ser incompatibles con los horizontes de "totalización" del marxismo y el psicoanálisis–[42] es, insistimos, la reintroducción de la *Historia*, mal que les pese a las formas más extremas de un pensamiento "post" que no ha dejado de tener su influencia, no siempre productiva, en los Estudios Culturales. La dimensión histórica (en la que no se trata, como puede desprenderse inequívocamente de la obra de Jameson, de la historia evolutiva y lineal del historicismo tradicional, sino de la historia del *modo de producción* como "falsa totalidad" que no cierra), sin embargo, supone una –seguramente problemática, pero justamente se trata de volver a plantear el problema– *diferenciación* entre el texto

39. Fredric Jameson: *Documentos de cultura, documentos de barbarie*, Madrid, Visor, 1989.
40. Mijail Bajtín: *Teoría y estética de la novela*, México, Siglo XXI, 1987.
41. Michel Foucault: *Vigilar y castigar*, México, Siglo XXI, 1986.
42. Pero debe quedar claro que, para nosotros, esos postulados son útiles en su articulación subordinada a un "horizonte" teórico constituido por el marxismo y el psicoanálisis: por la propia estructura y estrategia de esos discursos, nunca podría ser al revés.

y su "afuera", donde "afuera" no significa necesariamente una exterioridad absoluta (por ejemplo, de la lucha de clases o el inconciente respecto del texto), sino
un "deslinde" de los *registros*; no hay ningún inconve-
niente en pensar la *percepción* de la "realidad" como
constituida discursivamente: así ocurre, esquemática-
mente dicho, en el anudamiento de lo imaginario y lo
simbólico que constituye la "realidad" (por diferencia a
lo "real") en la perspectiva de Lacan, y que Žižek, como
hemos dicho, mantiene siempre ante nuestros ojos; pero así ocurre también, a su manera –según hemos visto–
en la perspectiva marxista de Gramsci, Bajtín, Benjamin, Althusser, y los autores más recientes que hemos
citado, empezando por Jameson y Žižek. Pero en una
perspectiva materialista (histórica), lo *real* (tomado ahora
en un sentido amplio, aunque siempre distinguido de la
"realidad") sigue existiendo más allá y más acá de su percepción y/o de su constitución por el discurso; esos diferentes registros (lo real/la realidad/el discurso), insistimos,
no son *nunca* completamente exteriores entre sí, pero sí
representan distintas "caras" de una banda de Moebius:
caras que se intersectan desde su propia *diferencia* (una
diferencia, está claro, no "identitaria", sino sujeta a permanentes transformaciones producidas por la intersec-
ción) y por lo tanto, que conllevan sus propias *historicidades* específicas. Curiosamente, el desinterés del
pensamiento "post" –y, con frecuencia, de los Estudios
Culturales– por esas historicidades diferenciales lo des-
liza –muy a pesar de sí mismo, sin duda– hacia una concepción cuasi-*metafísica* y absolutizadora del lenguaje y
la *écriture*, que sólo reconoce "diferencias" al interior de
un "texto" que parece haber colonizado por completo
un mundo sin Historia.

Un mundo, en suma, que no es sino (aunque no sea

solamente) el complejo sistema de efectos de lo que más arriba llamábamos "capitalismo semiotizado": es curioso (pero sin duda significativo) que no haya demasiados análisis sobre el modo en que la iconografía de la *discontinuidad espacial* –incluidas cosas como la "microfísica", el "multiculturalismo", la "fragmentación de identidades", etcétera– replica a la propia lógica de funcionamiento de la nueva fase de acumulación capitalista llamada tardía, con su descentralización y su segmentación productiva "posfordista". La diferencia, por supuesto, es que el capitalismo *sí ha logrado* su "totalización", su unificación *global,* como si dijéramos, *por arriba*: a través, fundamentalmente, de sus sectores financiero, informático y comunicacional. Tres sectores altamente indicadores de aquella *semiotización,* en el sentido de un modo de producción sin "base material" en su acepción clásica, ya que su soporte principal son los *signos abstractos*: el dinero (paradigma de la función "equivalencial" de la mercancía fetichizada) reproduciéndose a sí mismo especulativamente en forma "electrónica", las redes informáticas atravesando los límites territoriales y temporales a velocidad "inmediata", las imágenes satelitales creando nuevos e inéditos "desarrollos desiguales y combinados" en el universo simbólico, la Industria Cultural como nueva (falsa) "totalidad" disimulada en el ilusorio particularismo de unas culturas "locales" que se parecen entre sí sospechosamente.

En este capitalismo, la penetración de la forma-mercancía completamente transnacionalizada ya no se limita a *condicionar* a los objetos culturales, sino que (como lo habían previsto Adorno y Horkheimer) se ha *introducido* en su propia estructura, en su propia lógica productiva. Es la estética geopolítica de la que habla Jameson: "Y es que, en el fondo, aquello de que trata la representación es siempre la propia totalidad social, y nunca lo ha sido tanto como en la actual época, con una red colectiva multinacional global".[43] Lo que sugiere esta frase es el más absoluto *fin de la inocencia*: cualquier objeto cultural, hoy, se inscribirá inevitablemente en el sistema de producción, distribución y consumo global del poder económico, y en consecuencia se hará corresponsable de los efectos de ese poder.

Este modo de abordaje reviste una importancia capital para nosotros, lectores latinoamericanos. Es, posiblemente, una manera de empezar a sortear los peligros del "exotismo" en que suelen caer los Estudios Culturales anglosajones, para quienes lo latinoamericano, lo asiático o lo africano (el "Tercer Mundo", si es que esa categoría todavía tiene sentido) constituye una especie de *reserva textual* para una Historia que en el "primer mundo" habría llegado a su "fin". Curiosamente, éste es un problema compartido por aquella corriente que, dentro de los Estudios Culturales, debería estar (y a menudo, pero no siempre, lo está) más advertida del riesgo, a saber, la denominada "teoría poscolonial".

Es sin duda una gran virtud de la denominada teoría poscolonial (Said, Spivak, Bhabha *et al.*) la de haber también *reintroducido* la historia –es decir, la *política* en sentido fuerte– en los Estudios Culturales, retomando la línea "subterránea" de la historia de los vencidos, incluso en un sentido benjaminiano, al mostrar de qué diversas y complejas formas las *ruinas* del colonialismo siguen relampagueando hoy en los discursos y las prácticas del mundo (no tan) *post*-colonial. Pero no deja de ser un mérito ambiguo: si por un lado el recurso a las teorías y técnicas de análisis "post" y a ciertos autores-guía (Fou-

43. Fredric Jameson: *La estética geopolítica*, ob. cit.

cault, Lacan, Derrida, De Man) permiten a los pensadores poscoloniales *refinar* extraordinariamente las categorías de análisis frente a las antiguas teorizaciones an-
tiimperialistas (digamos, las de un Fanon o las múltiples
versiones de la teoría dependentista), especialmente en
lo que concierne a la crítica cultural e ideológica, por
otro lado, y con escasas excepciones –Aijaz Ahmad es
quizá la más notoria–, el recurso prácticamente *exclusi-
vo* a esas metodologías implica el casi completo abandono de formas de pensamiento (Marx, Freud, la Escuela
de Frankfurt) que, como lo venimos defendiendo enfáticamente aquí, siguen siendo *indispensables* para una totalización de la crítica a un modo de producción en buena medida constituido también por la experiencia
colonialista y poscolonialista.

Por otra parte, y paradójicamente, la reintroducción de la dimensión histórico-política por parte de la
teoría poscolonial adolece con frecuencia de un exceso
metafísico y a la larga deshistorizante (lo que posiblemente también se explique por el recurso masivo a los
textualismos "post") que cae en ciertas ontologías sus-
tancialistas muy similares a las propias de la vieja denominación de "Tercer Mundo" como entelequia indiferenciada en la que todos los gatos son pardos: es problemático,
por ejemplo, aplicar el mismo tipo de análisis a la producción cultural de sociedades nacionales –o a la de las metrópolis en relación con dichas sociedades "externas"–
que lograron su independencia política formal ya muy
entrado el siglo XX (digamos, la India, el Magreb o la
mayor parte, si no todas, de las nuevas naciones africa-
nas) y por otra parte a las naciones (todas las del conti-
nente americano, para empezar) que conquistaron dicha
independencia durante el siglo XIX, en alguna medida
como subproducto de las "revoluciones burguesas" me-

tropolitanas –en particular la francesa, aunque también la revolución anticolonial norteamericana y las crisis metropolitanas– y mucho antes de que se constituyera como tal el sistema estrictamente imperialista y neocolonial. Aunque no sea éste el lugar para estudiar a fondo el problema, tiene que haber diferencias enormes entre la autoimagen simbólica y/o la identidad imaginaria de un país –digamos, Argelia– constituido como tal en el marco de un sistema de dependencias internacionales plenamente desarrolladas, de "guerra fría" entre "bloques" económicos y políticos conflictivos, de un Occidente en camino a un "capitalismo tardío" en proceso de renovación tecnológica profunda, con "carrera armamentista" y peligro de guerra atómica, con plena hegemonía de la industria cultural y la ideología del consumo, etcétera, y por otra parte un país –digamos, la Argentina– constituido un siglo y medio antes, cuando nada de esto existía ni era imaginable. Es obvio que la producción cultural y simbólica de dos sociedades tan radicalmente diferentes en sus historias es por lo menos difícilmente conmensurable. Pretender ponerlas en la misma bolsa implica una homogeneización ella sí reduccionista y empobrecedora, aunque se haga en nombre de Lacan o Derrida. Eso es lo que a veces ha sucedido aun con pensadores tan complejos como el mismo Jameson, cuando han intentado interpretar toda la literatura del "Tercer Mundo" bajo el régimen hermenéutico global de la "alegoría nacional",[44] con lo cual sale el tiro por la culata y se obtiene, para continuar con la figura, lo peor de dos mundos: por un lado se dice una obviedad

---

44. Fredric Jameson: "Thirld-World literature in the era of multinational capitalism", en *Social Text*, n° 18, vol. 5, 1980.

de un grado de generalización poco útil (*cualquier* producto de la cultura de *cualquier* sociedad transmite en alguna medida imágenes "nacionales"); por otro lado se pasa un rasero unificador que tiende a suprimir toda la riqueza de las especificidades estilísticas, semánticas, retóricas, etcétera, que –tratándose de obras de arte– conforman propiamente hablando la *política* de la producción estética, la cual, entre paréntesis, también está atravesada por la dimensión histórica: en este sentido, ¿cómo podría compararse a, digamos, Nahgib Mafouz o Hani Kureishi con, digamos, Sarmiento o Borges?

Y ello para no mencionar que, aun comparando contemporáneos, aquella diferencia entre las respectivas historias suele ser decisiva para la estrategia de interpretación y lectura: no es difícil encontrar "alegorías nacionales" –aun descontando el monto de reduccionismo de la especificidad estética que supone leer bajo ese régimen de homogeneización– en autores provenientes de sociedades de descolonización reciente que todavía están luchando por la propia construcción de su "identidad"; la tarea es menos simple en los provenientes de sociedades de descolonización antigua, en todo caso sometidas a otros procesos de dependencia, neocolonialismo o "globalización subordinada". Aun extremando mucho la metáfora y buscando más de cinco pies al gato, se requieren esfuerzos ímprobos para encontrar la "alegoría nacional" (al menos, para encontrarla como estrategia central de la escritura) en Adolfo Bioy Casares, en Juan Carlos Onetti o en Macedonio Fernández. Pero aun cuando es posible encontrarla de manera más o menos transparente (lo cual es más fácil en las literaturas de las naciones no rioplatenses, con una identidad étnica y cultural más compleja y contradictoria) resulta patente que ella se construye de un modo radicalmente distinto del de las sociedades que, como decíamos, todavía pugnan por encontrar su "identidad", sólo muy recientemente enfrentadas al problema de la "autonomía" nacional.[45]

Y el problema se complica aún más cuando –como ocurre a menudo en los Estudios Culturales y los teóricos de la poscolonialidad– se amplía el concepto de "poscolonialidad" o "multiculturalismo" para incluir a las minorías étnicas, culturales, sexuales, etcétera, *internas* a las propias sociedades metropolitanas, ya sea por vía de la diáspora inmigratoria de las ex colonias o por la opresión multisecular de las propias minorías raciales (indígenas y negros en casi toda América, por ejemplo). La extraordinaria complejidad que puede alcanzar la "alegoría nacional" de un autor negro o chicano de Nueva York, de un autor paquistaní o jamaiquino en Londres, de un autor marroquí o etíope en París, un autor turco en Berlín, a lo cual podría agregarse que fuera mujer, judía y homosexual, esa extraordinaria complejidad de cruces entre distintas y a veces contradictorias situaciones "poscoloniales", no deja, para el crítico –si es que quiere ser *verdaderamente* "crítico" y no simplificar en exceso su lectura– otro remedio que retornar al análisis cuidadoso de las estrategias específicas de la producción literaria en ese autor, de las singularidades irreductibles del estilo, vale decir: para ponernos nuevamente adornianos, de las *particularidades* que determinan su autonomía específica respecto de la *totalidad* "poscolonial".

Pero la riqueza del pensamiento de Žižek y del propio Jameson es que él mismo cuenta con las armas para desmontar las trampas que tiende esta excesivamente

45. Le agradezco a Gabriela Farrán el haberme llamado la atención sobre esta cuestión eminentemente histórica.

rápida oposición entre las culturas "centrales" y las "periféricas". Lo que nos recuerdan nuestros autores es que la literatura y la cultura europea está tan atravesada como la no europea por "el barro y la sangre" de la Historia, sólo que sus "estrategias de contención" ideológica (como las llamaría Jameson) son más sutiles y sofisticadas, por la sencilla razón de que han tenido más tiempo y mayor necesidad de desarrollarse. Pero, al igual que sucede en *cualquier* literatura o texto estético, su autonomía relativa respecto de esas "estrategias de contención", las estructuras en buena medida inconcientes y "deseantes" de su "productividad textual", frecuentemente rompen sus propios condicionamientos, y lo hacen en el terreno de la especificidad y la singularidad de su *forma estética*. Como lo subraya provocativamente el propio Adorno, "la junta militar griega sabía muy bien lo que hacía cuando prohibió las obras de Beckett, en las que no se dice ni una palabra sobre política". Por lo tanto, no es principalmente en la *naturaleza*, nuevamente, de las obras y los "objetos culturales" (también, por cierto, los *sujetos* culturales) metropolitanas y poscoloniales donde debería buscarse la diferencia (que por supuesto existe, tanto en el registro de la "forma" como del "contenido"), sino en la *mirada* del crítico, que debería aplicarse a encontrar las maneras específicas en que actúan las contradicciones internas a unos y otros textos, la manera específica en que ese trabajo textual particular *sintomatiza* la relación con la totalidad histórica, tan compleja y sofisticada en unos y otros, aunque por razones distintas.

Es a este proyecto, a este afinamiento y refinamiento de la mirada, que han contribuido (están contribuyendo) de manera decisiva las obras de Fredric Jameson y Slavoj Žižek: a devolverles toda su dimensión de *teoría crítica de la cultura* a unos Estudios Culturales que se nos estaban volviendo pesadamente asfixiantes y tediosos. Seguir ese impulso desde nuestros propios e irreductibles lugares, es nuestra elección y nuestra *responsabilidad*, intelectual y política.

Apéndice
Bibliografía de F. Jameson y S. Žižek

Teniendo en cuenta que ambos autores han editado una enorme cantidad de ensayos, notas críticas y comentarios en publicaciones periódicas en buena medida inubicables, aquí se consignan únicamente las obras en forma de libros, muchos de los cuales, por otro lado, recogen buena parte de aquella producción fragmentaria.

Fredric Jameson

Sartre: The Origins of a Style (1969).

Marxism and Form: Twentieth-Century Dialectical Theories of Literature (1971).

The Prision-House of Language (1972) [Ed. cast.: *La cárcel del lenguaje*, Barcelona, Ariel, 1985].

Fables of Aggression: Wyndham Lewis, the Modernist as Fascist (1974).

The Political Unconscious (1979) [Ed. cast.: *Documentos de cultura, documentos de barbarie*, Madrid, Visor, 1989].

The Ideologies of Theory: Essays, 1971-1986, 2 vols. (1988) [Ed. cast.: *Periodizar los '60*, Córdoba, Alción, 1997].

Late Marxism: Adorno, or The Persistence of the Dialectic (1990).

Postmodernism, or The Cultural Logic of Late Capitalism (1991) [Ed. cast.: *El Posmodernismo o la lógica cultural del capitalismo avanzado*, Buenos Aires, Paidós, 1992].

The Geopolitical Aesthetic, or Cinema and Space in the World System (1992) [Ed. cast.: *La estética geopolítica*, Barcelona, Paidós, 1995].

Signatures of the Visible (1992).

The Seeds of Time (1994).

Imaginario y Simbólico en Lacan, Buenos Aires, Imago Mundi, 1995.

Slavoj Žižek

The Sublime Object of Ideology (1989) [Ed. cast.: *El sublime objeto de la ideología*, México, Siglo XXI, 1992].

Looking Awry; an Introduction to Jacques Lacan through Popular Culture (1991) [Ed. cast.: *Mirando al sesgo*, Paidós, en prensa].

For They Know not what They Do: Enjoyment as a Political Factor (1991) [Ed. cast.: *Porque no saben lo que hacen*, Paidós, en prensa].

Enjoy your Symptom! Lacan in Hollywood and Out (1992) [Ed. cast.: *Goza tu síntoma*, Buenos Aires, Nueva Visión, 1984].

(Comp) *Everything you Always Wanted to Know about Lacan and Never Dared to Ask Hitchcock* (1993) (Ed. cast.: *Todo lo que usted quería saber sobre Lacan y nunca se atrevió a preguntarle a Hitchcock*, Buenos Aires, Manantial, 1994].

(Comp) *Mapping Ideology* (1994).

Tarrying with the Negative: Kant, Hegel and the Critique of Ideology (1995).

The Metastasis of Enjoyment: Six Essays on Women and Causality (1996).

The Indivisible Remainder: An Essay on Schelling and Related Matters (1996).

The Plague of Fantasies (1997).

Sobre los *"Estudios Culturales"*

Fredric Jameson

Tal vez se pueda abordar mejor política y socialmente esa aspiración denominada "Estudios Culturales" si se la considera como el proyecto de constituir un "bloque histórico", más que, teóricamente, como un piso para desarrollar una nueva disciplina. Sin duda, en un proyecto semejante la política es de tipo "académico", es decir, se trata de la política dentro de la universidad y, más allá de ella, en la vida intelectual en general o en el ámbito de los intelectuales. Sin embargo, en una época en la que la derecha ha empezado a desarrollar su propia política cultural –que tiene como eje la reconquista de las instituciones académicas y, en particular, los fundamentos de las universidades mismas– no parece adecuado continuar pensando en la política académica y la política de los intelectuales como una cuestión exclusivamante "académica". En cualquier caso, la derecha parece haber comprendido que el proyecto y el eslogan de los "Estudios Culturales" (más allá de lo que esto signifique) constituyen un objetivo fundamental de su campaña y virtualmente un sinónimo de "lo políticamente correcto" (que en este contexto puede identificarse como la política cultural de ciertos "movimientos sociales nuevos" como el antirracismo, el antisexismo, la antihomofobia, etcétera).

Pero si esto es así y los Estudios Culturales deben interpretarse como la expresión de una alianza proyectada entre diversos grupos sociales, no resulta tan importante una formulación rigurosa –en tanto empresa intelectual o pedagógica– como lo sienten sus adeptos, quienes intentan recomenzar la sectaria guerra de izquierda por la correcta interpretación de la línea partidaria de los Estudios Culturales: lo importante no es la línea partidaria sino la posibilidad de alianzas sociales, según se desprende de su eslogan general. Se trata más de un síntoma que de una teoría y, como tal, lo que parecería más conveniente es un análisis a la manera de los estudios culturales sobre los propios Estudios Culturales. Ello significa también que lo que exigimos (y encontramos) en la reciente colección *Estudios Culturales*,[1] editada por Lawrence Grossberg, Cary Nelson y Paula A. Treichler es sólo una cierta exhaustividad y representatividad general (cuarenta colaboradores parecen garantizarlo por adelantado): no planteamos que sea absolutamente imposible hacer las cosas de otra forma o desarrollarlas de un modo radicalmente distinto. Ello no quiere decir que los "baches" o ausencias de dicha colección –que básicamente reimprime los trabajos presentados en una conferencia sobre el tema celebrada en Urbana-Champaign, en la primavera de 1990– no sean

1. Lawrence Grossberg, Cary Nelson y Paula A. Treichler (comps.): *Estudios Culturales*, Nueva York, Routledge, 1992. Las referencias internas que se presentan en esta conferencia aluden a dicho texto.

rasgos significativos que merezcan un comentario: pero el comentario, en tal caso, sería más un diagnóstico de ese acontecimiento en particular y del "concepto" de Estudios Culturales que expresa, que una propuesta de una alternativa más adecuada (sea ésta una conferencia, "idea", programa o línea partidaria). En realidad, debería poner las cartas sobre la mesa y decir que así como creo que es importante (e interesante desde el punto de vista teórico) discutir y debatir ahora sobre los Estudios Culturales, no me preocupa particularmente qué tipo de programa finalmente se llevará adelante o si, en primera instancia, surgirá una disciplina académica oficial de este tipo. Probablemente esto se deba a que, por empezar, no creo mucho en las reformas de los programas académicos, pero además porque sospecho que una vez que públicamente se haya llevado a cabo el tipo de discusión apropiada, se habrá cumplido el propósito de los Estudios Culturales, más allá del marco departamental en que tenga lugar dicha discusión. (Y este comentario se relaciona específicamente con lo que considero es la cuestión práctica más importante que está en juego aquí, a saber, la protección de la gente más joven que está escribiendo artículos en esta nueva "área", y la posibilidad para ellos de acceder a la efectividad en sus puestos de trabajo.)

También debería decir, en contra de las definiciones (a Adorno le gustaba recordarnos el rechazo de Nietzsche por el intento de definir los fenómenos históricos como tales), que creo que de alguna manera ya sabemos qué son los Estudios Culturales; y que "definirlos" implica descartar lo que no es, extrayendo la arcilla superflua de la estatua que emerge, trazando un límite a partir de una percepción instintiva y visceral, intentando identificar lo que no es en forma tan abarcadora que finalmente se logra el objetivo, si es que en algún momento no surge una "definición" positiva.

Sean lo que fueren, los Estudios Culturales surgieron como resultado de la insatisfacción respecto de otras disciplinas, no sólo por sus contenidos sino también por sus muchas limitaciones. En ese sentido, los Estudios Culturales son posdisciplinarios; pero a pesar de eso, o tal vez precisamente por dicha razón, uno de los ejes fundamentales que los sigue definiendo es su relación con las disciplinas establecidas. Parecería apropiado, entonces, empezar por los reclamos que hacen los "aliados" de esas disciplinas respecto del abandono, por parte de los Estudios Culturales, de objetivos que consideran fundamentales. Las próximas ocho secciones tratarán de diversos grupos: el marxismo, el concepto de articulación, la cultura y la libido, el rol de los intelectuales, el populismo, la geopolítica y, como conclusión, la Utopía.

¡No es mi área!

Los historiadores parecen particularmente perplejos por la relación de alguna manera indeterminable que establecen con el material de archivo quienes trabajan desde la perspectiva de los Estudios Culturales. Catherine Hall, la autora de una de las piezas más importantes de esta colección –un estudio de la mediación ideológica de los misionarios ingleses en Jamaica–, luego de observar que "si la historia cultural no forma parte de los estudios culturales, entiendo que hay un serio problema" (272), afirma que "el encuentro entre la historia establecida y los estudios culturales ha sido extremadamente limitado en Gran Bretaña" (271). Desde luego, ello podría ser un problema de la corriente histórica dominante y de los Estudios Culturales; pero Carolyn Steedman examina la cuestión más ajustadamente y señala algunas diferencias metodológicas básicas. La investigación colectiva *versus* la individual es sólo una de ellas: "La práctica grupal es colectiva; la investigación de archivo involucra sólo al historiador, quien participa en una práctica no democrática. La investigación de archivo es costosa en tiempo y dinero y, de cualquier modo, no es algo que un grupo de gente pueda hacer en la práctica" (618). Pero cuando Steedman trata de formular en una forma más positiva lo que es distintivo del abordaje de los Estudios Culturales, surge el concepto de "basado en el texto". En los Estudios Culturales se analizan textos que están a mano, mientras que el historiador de archivo tiene que reconstruir laboriosamente sobre la base de síntomas y fragmentos. No menos interesante resulta la teoría, en el análisis de Steedman, de que existe un determinante institucional, más específicamente educacional, en el surgimiento de este método "basado en el texto": "¿el 'concepto de cultura' como fue usado por los historiadores [...] fue en realidad inventado en las escuelas entre 1955 y 1975? En Gran Bretaña ni siquiera tenemos una historia social y cultural de la educación que nos permita pensar que esta pregunta puede constituir una problemática" (619-620). Sin embargo, Steedman no aclara en qué disciplina puede encuadrarse esa investigación.

Esta autora sugiere que es Burckhardt el precursor de la nueva área (nadie más lo hace), y escuetamente lo relaciona con el Nuevo Historicismo, cuya ausencia en estas páginas es, por otra parte, muy significativa (con excepción del pasaje en que Peter Stallybrass niega tener algún parentesco con el movimiento rival). Porque el Nuevo Historicismo es, sin duda, un competidor y, desde cualquier visión histórica, constituye un síntoma afín a los Estudios Culturales por su intento de lidiar analíticamente con la nueva textualidad del mundo (así como por su vocación de suceder a Marx en una forma discreta y respetable). Desde luego se puede argüir que los Estudios Culturales están demasiado ocupados con el presente y que no se puede esperar que hagan de todo o que conciernan a todo. Supongo que aquí se ponen en juego los vestigios de la tradicional oposición entre, por un lado, las preocupaciones contemporáneas de los estudiosos de la cultura popular o de masas y, por el otro, la perspectiva de la crítica literaria, tendenciosamente retrospectiva (aun cuando los trabajos canonizados sean "modernos" y relativamente recientes). Pero las piezas más sustanciosas de esta colección (que, además del ensayo de Catherine Hall, incluyen el estudio de Lata Mani sobre la cremación de la viuda, el ensayo de Janice Radway sobre el Club del Libro del Mes, la investigación de Peter Stallybrass a propósito del surgimiento de Shakespeare como un *auteur*, y el relevamiento por parte de Anna Szemere de la retórica del levantamiento de Hungría de 1956) son todas históricas en el sentido de que constituyen una investigación de "archivo", y sin duda se destacan a simple vista. Si deberían ser bienvenidas, ¿por qué todos se sienten incómodos?

Otra disciplina aliada es la sociología, tan cercana que la distinción entre ésta y los Estudios Culturales parece sumamente difícil, si no completamente imposible (como señaló Kafka respecto del parentesco entre el alemán y el idish). ¿Acaso Raymond Williams no sugirió en 1981 que "lo que ahora se llama "estudios culturales" [se comprende mejor] como una particular forma de entrada a las cuestiones sociológicas generales, que [...] como un área especializada o reservada"? (citado en la pág. 223) Pero este cruce disciplinario parece similar al que se producía con la historia: por un lado, un trabajo "basado en el texto"; por el otro, una "investigación" profesional o profesionalizada. La protesta de Simon Frith es suficientemente emblemática como para citarla en forma completa:

> De lo que he estado hablando hasta ahora es de un abordaje a la música popular que, en términos británicos, no proviene de los estudios culturales sino de la antropología social y la sociología (y podría citar otros ejemplos, como el trabajo de Mavis Bayton [1990] sobre la forma en que las mujeres se hicieron músicas de rock). Una razón por la que considero que este trabajo es importante es porque se centra en forma sistemática en un área y un tema que ha sido (sorprendentemente) olvidado por los estudios culturales: la lógica de la producción cultural en sí misma, el lugar y el pensamiento de los productores culturales. Pero lo que me interesa aquí (que es lo que hace que este trabajo sea un relato totalmente diferente) es otra cosa: comparada con la escritura imaginativa, impresionista, sugestiva, insólitamente pop de un académico de los Estudios Culturales, como por ejemplo Iain Chambers, el cuidado etnográfico por la exactitud y el detalle resulta deslucido, como alguna vez señaló Dick Hebdige respecto de mi abordaje sociológico, en oposición al de Chambers. (178)

Janet Wolff sugiere razones más importantes para esta tensión: "El problema es que la sociología predominante, tan segura de sí, es indiferente –si no hostil– a los desarrollos de la teoría, es incapaz de reconocer el rol constitutivo de la cultura y la representación en las relaciones sociales" (710). Pero resulta que el sentimiento es mutuo: "La teoría y el discurso postestructuralistas, al demostrar la naturaleza discursiva de lo so-

cial, actúan como un permiso para negar lo social"
(711). Con bastante tino, Wolff recomienda una coordi-
nación de ambos puntos de vista ("una aproximación
que integre el análisis textual con la investigación sociológica tanto de las instituciones que tienen una producción cultural como de los procesos sociales y políticos
en los cuales tiene lugar dicha producción" [713]); pero
esto no elimina la incomodidad frente al asunto, ni tampoco la idea de Cornel West de que la ventaja principal
que ofrecen los Estudios Culturales es esa antigua cosa
conocida llamada "interdisciplina" ("Estudios Culturales es uno de los nombres que se usa para justificar lo
que considero que es un desarrollo altamente saludable,
a saber, los estudios interdisciplinarios en institutos e
universidades" [698]). El término "interdisciplina" re-
corre varias generaciones de programas de reforma académica, cuya historia debe ser escrita y luego reinscripta
con cautela (por definición, siempre resulta virtualmente
un fracaso: la impresión es que que el esfuerzo "interdis-
ciplinario" sigue existiendo porque todas las disciplinas
específicas reprimen rasgos fundamentales –aunque en
cada caso diferentes– del objeto de estudio que deberían
compartir. Se suponía que los Estudios Culturales –más
que la mayoría de esos programas de reforma– darían
nombre al objeto ausente, y no parece correcto confor-
marse con la vaguedad táctica de la antigua fórmula.

Quizás, en realidad, el nombre que se necesita sea
comunicación: sólo los programas de Comunicación son
tan recientes como para atreverse a reunir en esta nueva empresa a distintas disciplinas (incluso los recursos
humanos), dejando sólo la tecnología comunicacional
como el rasgo o la marca distintiva de la separación interdisciplinaria (de alguna manera como el cuerpo y el
alma, la letra y el espíritu, la máquina y el espíritu). Só-

lo cuando se unifican los distintos focos de estudio de la comunicación desde una perspectiva específica comienza a surgir una luz sobre los Estudios Culturales y sobre sus relaciones con los programas de Comunicación. Éste es el caso, por ejemplo, en que Jody Berland nos recuerda la especificidad de la teoría canadiense de la comunicación, la cual no implica solamente cierto homenaje a McLuhan, a su tradición y sus precursores, sino que en su trabajo aparece en una forma más actual como una nueva teoría de la ideología del "entretenimiento". Pero la autora también deja claro por qué la teoría canadiense es necesariamente distinta de lo que eufemísticamente llama "la investigación dominante en comunicación" (43), una forma de referirse a la teoría norteamericana de las comunicaciones. Claramente es la situación de Canadá, a la sombra del imperio mediático de los Estados Unidos, lo que otorga a nuestros vecinos su privilegio epistemológico, y en particular esa posibilidad única de combinar el análisis espacial con la atención más tradicional hacia los medios:

> El concepto de "tecnología cultural" nos permite entender este proceso. Como parte de una producción espacial que es a un tiempo determinante y problemática, configurada tanto por prácticas disciplinarias como antidisciplinarias, las tecnologías culturales abarcan simultáneamente los discursos de profesionalización, territorialidad y diversión. Éstas son las facetas tridimensionales necesarias para el análisis de una cultura popular producida a la sombra del imperialismo. Al ubicar sus "audiencias" en un rango cada vez más amplio y diverso de locaciones, ubicaciones y contextos, las tecnologías culturales contemporáneas procuran y contribuyen a legitimar su propia expansión espacial y discursiva. Ésta es otra forma de decir que la producción de textos no puede ser concebi-

da fuera de la producción de los espacios. Todavía está
por verse si se concibe la expansión de dichos espacios
como una forma de colonialismo. La cuestión es central,
no obstante, para llegar a una comprensión del entretenimiento, que localiza sus prácticas en términos espaciales. (42)

Lo que Berland establece con claridad es que reflexionar hoy sobre la situación de la teoría (o del teórico
o de la disciplina) necesariamente implica una dialéctica: "Como la producción de sentido es localizada [por la
teoría angloamericana de los medios] en las actividades
y las agencias de audiencias, el mapa de lo social está cada vez más identificado con (y expandido hasta ser sustituido por) la topografía del consumo. Esto reproduce
en la teoría lo que está ocurriendo en la práctica (42).
La sorprendente introducción de una dimensión geopolítica, la identificación de una determinada teoría comunicacional y cultural como canadiense, en fuerte
oposición a la perspectiva angloamericana hegemónica
(que asume su propia universalidad porque se origina en
el centro y no necesita tener una impronta nacional),
desplaza totalmente los temas de esta conferencia y sus
consecuencias, como ya veremos luego más extensa-
mente.

Por otra parte, no está claro qué clase de conexión
con los incipientes Estudios Culturales se propone aquí.
La lógica de la fantasía colectiva o grupal es siempre
alegórica.[2] Ésta puede implicar una suerte de alianza,

2. Como en "el *matrimonio* desafortunado de marxismo y feminismo": para una investigación más elaborada de los modelos alegó-
ricos por medio de los cuales el feminismo emergente ha procurado

como ocurre con los sindicatos cuando se proponen trabajar junto a tal o cual movimiento negro; o puede estar más cerca de un tratado internacional de algún tipo, como el de la OTAN o el de la nueva zona de libre comercio. Pero seguramente la "teoría canadiense de la comunicación" no está dispuesta a sumergir totalmente su identidad en el amplio movimiento angloamericano; también es claro que no puede universalizar totalmente su propio programa ni pedir al "centro" una aprobación global de lo que es una perspectiva que está necesariamente situada, que es "dependiente" y "semiperiférica". Creo que lo que surge aquí es la percepción de que el análisis en cuestión puede, en un momento determinado, ser transcodificado o incluso traducido: que en ciertas coyunturas estratégicas, un análisis determinado puede ser leído como un ejemplo de la perspectiva de los Estudios Culturales o como una ejemplificación de todo lo que es distintivo de la teoría canadiense de la comunicación. Cada perspectiva comparte, por lo tanto, un objeto común (en una coyuntura específica) sin perder su propia diferencia específica u originalidad (la cuestión de cómo nombrar o describir mejor esta superposición sería entonces un nuevo tipo de problema específicamente producido por la "teoría de los Estudios Culturales").

Nada revela mejor esta superposición de perspectivas disciplinarias que los diversos iconos que se han agitado a lo largo de estas páginas: el nombre del último Raymond Williams, por ejemplo, es usado en vano prác-

---

contarse la historia de dicho surgimiento, véase Jane Gallop: *Around 1981: Academic Feminist Literary Theory*, Nueva York, Routledge, 1992.

ticamente por todos, y se apela a él como sostén moral de un buen número de pecados (o virtudes).[3] Pero el texto que resurge una y otra vez como un fetiche es un libro cuyo múltiples marcos genéricos ilustran el problema que hemos estado discutiendo aquí. Me refiero al estudio de la cultura juvenil inglesa de Paul Willis (casualmente, no está presente en esta conferencia) llamado *Learning to Labor* (1977). Este libro puede considerarse como un trabajo clásico en el marco de una nueva sociología de la cultura, como un texto precursor de la escuela "original" de Birmingham o incluso como una suerte de etnología, un eje que cruza el tradicional terreno de la antropología y el nuevo espacio que hoy reclaman los Estudios Culturales.

Sin embargo, lo que aquí enriquece la "problemática" interdisciplinaria es la inevitable impresión (que puede ocurrir con las otras disciplinas pero también se puede pasar por alto) de que si los Estudios Culturales constituyen un incipiente paradigma, la antropología misma, lejos de ser una disciplina comparativamente "tradicional", está también en una total metamorfosis y en una convulsiva transformación textual y metodológica (como lo sugiere aquí la presencia del nombre de James Clifford en la lista de quienes producen Estudios Culturales). Actualmente la "antropología" significa una nueva clase de etnología, una nueva antropología interpretativa o textual que –manteniendo un lejano aire de familia con el Nuevo Historicismo– aparece completamente madura en los trabajos de Clifford, George Mar-

3. También debe mencionarse *Subculture*, de Dick Hebdige, el cual, mucho más que cualquier otro trabajo aislado, inventó el estilo y la postura adoptados una y otra vez en esta conferencia.

cus y Michael Fischer (teniendo en cuenta los ejemplos precursores de Geertz, Turner *et al.*). Andrew Ross ha evocado "una descripción densa" en su trabajo pionero sobre la cultura New Age, "el estudio etnográfico más exhaustivo y profundo sobre las comunidades culturales, el cual ha generado uno de los desarrollos más interesantes de los Estudios Culturales recientes" (537). En tanto, la retórica de la densidad, la textura y la inmanencia es justificada en un pasaje memorable de John Fiske, que tiene el mérito adicional de sacar a la luz algunas de las cuestiones prácticas que se ponen en juego en el debate (las cuales están lejos de reducirse a una mera batalla de demandas y contrademandas disciplinarias):

> Me gustaría empezar por el concepto de "distancia" en la teoría cultural. En otra parte he sostenido que la "distancia" es una marca clave de la diferencia entre la cultura alta y la baja, entre los sentidos, las prácticas y los placeres característicos de las formaciones sociales que poseen poder o carecen de él. La distancia cultural es un concepto multidimensional. En la cultura de los poderosos y socialmente beneficiados puede asumir la forma de una distancia entre el objeto de arte y el lector/espectador: esta distancia devalúa social e históricamente las prácticas de lectura específicas, favoreciendo en cambio una apreciación trascendente o una sensibilidad estética que reivindica la universalidad. Fomenta la reverencia o el respeto hacia el texto como un objeto de arte dotado de autenticidad, que requiere preservación. La "distancia" también puede funcionar en el sentido de crear una diferencia entre la experiencia del trabajo artístico y la vida cotidiana. Dicha "distancia" produce significados ahistóricos en las obras de arte y permite experimentar, a quienes pertenecen a esa formación social, los placeres de sentirse ligados a un conjunto de valores humanos que,

en las versiones extremas de la teoría estética, son considerados valores que trascienden sus condiciones históricas. Esta distancia respecto de lo histórico es también una distancia respecto de las sensaciones corporales, ya que es finalmente nuestro cuerpo lo que nos liga a nuestra especificidad histórica y social. Como la mundanidad de nuestras condiciones sociales es apartada o dejada de lado por esta visión del arte, los llamados placeres del cuerpo, sensuales, baratos y fáciles, también se distancian de los placeres más contemplativos, estéticos, de la mente. Y finalmente esta distancia asume la forma de una distancia respecto de la necesidad económica; separar lo estético de lo social es una práctica de la elite que puede ignorar las restricciones que impone la necesidad material, y que por lo tanto construye una estética que no sólo se niega a asignarles un valor a las condiciones materiales, sino que únicamente valida aquellas formas de arte que las trascienden. Esta distancia crítica y estética es, finalmente, la marca distintiva entre los que pueden separar su cultura de las condiciones económicas y sociales de la vida cotidiana, y los que no pueden hacerlo. (154)

Pero los contenidos del presente volumen no confirman particularmente la idea de Ross, excepto en lo que concierne a su lúcido estudio sobre esa "comunidad interpretativa" increíblemente ambigua que es la nueva cultura *yuppie* de la gente New Age; en tanto la señal de alarma de Fiske no nos conduce tanto por el camino de la antropología como disciplina experimental (y su forma de escritura), como por el de una nueva política de los intelectuales.

En verdad, el propio trabajo de Clifford –una descripción de un nuevo estudio sumamente interesante sobre la etnología del viaje y el turismo– ya redefine implícitamente el contexto polémico cuando propone un desplazamiento de la tradicional concepción etnográfica de "trabajo de campo". "La etnografía (en las prácticas normativas de la antropología del siglo XX) ha privilegiado las relaciones de asentamiento por sobre las de viaje" (99): ello redefine completamente al intelectual y al observador etnógrafo-antropólogo, considerándolo una especie de viajero y de turista. También replantea los términos de esta conferencia, cuyo intento de definir eso que se llama "Estudios Culturales", lejos de ser una cuestión académica y disciplinaria, gira de hecho en torno del *status* del intelectual como tal en relación con la política de los llamados "nuevos movimientos sociales" o microgrupos.

Plantearlo en estos términos explica el malestar que forzosamente despertó la "modesta propuesta" de Clifford en otros participantes: más que ser meros turistas o incluso viajeros, la mayoría de ellos querían ser, como mínimo, verdaderos "intelectuales orgánicos", si no algo más (¿pero qué significará exactamente ese "algo más"?). Incluso la noción afín de exilio o neoexilio –el intelectual diaspórico invocado por Homi Bhabha (entre cuyos comentarios sobre el caso Rushdie, se cuenta "La blasfemia es la vergüenza del emigrante de volver a casa" [62], lo que siempre me pareció extraordinariamente pertinente y provocativo)– propone una intermitencia o alteración del sujeto y el objeto, de la voz y la sustancia, del téorico y el "nativo", lo cual le asegura al intelectual una marca también intermitente de pertenencia al grupo, que no está disponible para el hombre blanco que es Clifford (ni tampoco para el crítico aquí presente).

Grupos sociales: ¿Frente popular o Naciones Unidas?

Pero esa aspiración que se denomina "intelectual orgánico" aquí es omnipresente, aunque no se expresa a menudo tan abiertamente como lo hace Stuart Hall cuando, en uno de los momentos más utópicos de la conferencia, propuso el ideal de "vivir, teniendo en cuenta la posibilidad de que alguna vez pueda existir un movimiento más grande que el de los intelectuales pequeño-burgueses" (288). Esto es lo que dijo Hall al respecto, a propósito de Gramsci:

Debo confesar que, aunque leí muchas explicaciones, incluso más elaboradas y sofisticadas, me parece que la explicación de Gramsci sigue siendo la que más se aproxima a describir lo que creo que estábamos intentando hacer. Admitamos que hay un problema en la frase "la producción de intelectuales orgánicos". Pero no tengo ninguna duda de que estábamos tratando de encontrar una práctica institucional dentro de los estudios culturales que pudiera producir un intelectual orgánico. No sabíamos previamente qué significaba esto, en el contexto de Inglaterra en los años '70, y no estábamos seguros de que reconoceríamos al intelectual orgánico si es que nos las ingeniábamos para producirlo/a. El problema del concepto de intelectual orgánico es que parece alinear a los intelectuales con un movimiento histórico incipiente y no podíamos decir entonces, y muy difícilmente podamos hacerlo ahora, dónde se podía encontrar ese movimiento histórico incipiente. Éramos intelectuales orgánicos sin ningún punto de referencia, intelectuales orgánicos con la nostalgia, la voluntad o la esperanza (para usar una frase de Gramsci de otro contexto) de que, en algún punto, desde el trabajo intelectual estaríamos preparados para una relación de ese tipo, si es que alguna vez aparecía dicha coyuntura. En realidad, estábamos más bien preparados para imaginar o modelar o estimular esa relación en su ausencia: "pesimismo del intelecto, optimismo de la voluntad" (281).

Sin embargo, en el contexto actual y en la mayoría de los casos de esta colección, no se interpreta la noción gramsciana (que estructuralmente se centra en los intelectuales, por un lado, y en los estratos sociales, por el otro) como una referencia a la política de alianzas, a un bloque histórico o a la formación de un conjunto heterogéneo de "grupos de intereses" dentro de un movimiento social y político más abarcador, como sí ocurría en Gramsci y, aún hoy, en la formulación de Stuart Hall.

Aquí, en cambio, su referencia parece ser en la mayoría de los casos la "política de identidad" de los nuevos grupos sociales, o sea, lo que Deleuze denomina "microgrupos". Efectivamente, los Estudios Culturales fueron percibidos como un espacio de alianzas de este tipo (si no exactamente un movimiento en el sentido gramsciano; a menos que se entiendan sus ambiciones académicas –alcanzar el reconocimiento y la aprobación institucionales, la efectividad en los cargos, la protección de los departamentos tradicionales y de la Nueva Derecha– como una política, en realidad la única política específica de los Estudios Culturales).[4] Por eso se da la bienvenida tanto al feminismo como a la política de los negros, al movimiento *gay*, a los estudios chicanos, a los grupos de estudio "poscoloniales" cada vez más fre-

---

4. Véase en particular el artículo del programa algo triunfalista de uno de los organizadores de la presente conferencia: Cary Nelson, "Always Already Cultural Studies", *Journal of the Midwest Modern Language Association* 24, n° 1 (1991), 24-38.

cuentes, a aficionados más tradicionales –como los de las diversas culturas populares y de masas (que pueden ser considerados, en la academia tradicional, como una minoría estigmatizada y perseguida)–, y a los distintos séquitos marxistas (en su mayoría, extranjeros). De los 41 participantes (editados), hay también una distribución de géneros relativamente pareja (24 mujeres, 21 hombres); hay 25 americanos, 11 británicos, 4 australianos, 2 canadienses, un húngaro y un italiano: hay 31 personas de raza blanca, 6 de raza negra, 2 chicanos y 2 indios (del subcontinente); y entre los cuarenta y tantos parece haber por lo menos 5 personas *gay*. En cuanto a las disciplinas o departamentos, se distribuyen de la siguiente manera: el Departamento de Inglés encabeza la mayor parte con 11, como era previsible; Comunicación, Sociología e Historia del Arte están atrás, bien lejos, con 4 cada uno; hay 3 representantes de los programas de Humanidades; por los Estudios de la Mujer, los Estudios Culturales propiamente dichos, la Historia de la Conciencia, y Radio, Televisión y Film hay 2 por cada uno; mientras que Religión y Antropología tienen un representante respectivamente.

Pero este detallado desglose (admitamos que impresiona) no refleja cabalmente los grupos, los subgrupos o las posiciones ideológicas subculturales. En contraposición a sólo cuatro trabajos feministas "tradicionales", por ejemplo, hay por lo menos dos informes *gay*. De los cinco trabajos escritos por personas de raza negra, sólo uno trata cuestiones feministas (o sería más adecuado decir que el artículo de Michele Wallace es un informe desde una visión feminista negra), mientras que otros dos tratan temas nacionales. Uno de los dos artículos chicanos es también una declaración feminista. Hay diez tópicos propios de la cultura popular o mediática, que tienden a trasladar el énfasis puesto en las cuestiones de "identidad" a los asuntos mediáticas.

Me permito todo este ejercicio para mostrar tanto lo que parece haberse omitido de la problemática de los Estudios Culturales como lo que se incluye en ellos. Sólo tres artículos, en mi opinión, tratan el tema de la identidad grupal en forma central (en tanto el ataque de Paul Gilroy al eslogan que traduce como "absolutismo étnico" es examinado mejor en otro contexto, más adelante); y, entre ellos, sólo el ensayo de Elspeth Probyn, con sus intrincadas alusiones, intenta una teoría de la identidad colectiva o, por lo menos, de la enunciación colectiva, en el cual nos pide "ir más allá de posiciones discretas sobre la diferencia, rechazar el modo de representación en crisis [...] a fin de que el sonido de nuestras identidades sea tenido en cuenta mientras trabajamos para construir comunidades humanitarias" (511). Sin embargo, estos sonidos parecen ser un tanto salvajes, como cuando se establece "cómo las imagenes del sí mismo pueden funcionar exitosamente para sacudir e irritar las fijaciones del discurso y las expectativas extra-discursivas" (506).

Pero los artículos de Kobena Mercer, Marcos Sánchez-Tranquilino y John Tagg se hallan encaminados hacia algo un tanto diferente de la teoría clásica de la identidad. Mercer, por su parte, abre paso explorando la forma en que la imagen de la militancia negra de los años '60 pudo servir como un modelo estimulante y liberador para la política de otros grupos, mientras que Sánchez-Tranquilino desplaza la problemática filosófica y psicológica de la "identidad" hacia la cuestión social del nacionalismo: "Lo que se pone en juego en la resurrección del *pachuco* en los últimos años de la década del '70 [...] es la representación de [...] la militancia mediante la articulación del *pachuco* en la política de identidad de un movimiento nacionalista. El problema aquí es el de todos los nacionalismos [...]" (562).

Tal vez sea así, pero los nacionalismos –mejor dicho, separatismos– no se hallan aquí presentes: los separatismos feminista, *gay* y lésbico no están representados como tales, y si aún queda algún separatismo negro tampoco se halla representado; de los otros grupos étnicos, sólo los chicanos están aquí para representarse a sí mismos y tal vez para sustituir a alguno de los otros movimientos (pero no por las cuestiones étnicas nacionales más tradicionales, cuyos problemas son curiosamente diferentes de los que aquí se exponen, como lo prueban los debates acerca de Grecia como cultura menor);⁵ los "poscoloniales", por su parte, señalan incansablemente (como en el ensayo de Homi Bhabha al que ya me he referido) que el hecho y la experiencia de la diáspora son completamente opuestos a los del separatismo étnico.

Es decir que este espacio particular denominado "Estudios Culturales" no es demasiado receptivo a las identidades puras sino que, por el contrario, da la bienvenida a la celebración (pero también al análisis) de nuevos tipos de complejidades estructurales y de la mezcla *per se*. Para disipar lo monológico, ya se han invocado los tonos bajtinianos (¿acaso el separatismo cultural no es un nostalgia de cierto discurso monológico?): lo que Clifford desea "no es afirmar una democracia *naif* de autoría plural, sino aflojar, por lo menos un poco, el control monológico del escritor/antropólogo ejecutivo" (100). En tanto, en la notable obra de Stalleybrass sobre la invención de "Shakespeare", el concepto de "autor

5. Fredric Jameson, "Commentary", *Journal of Modern Greek Studies* 8 (1990), 135-39.

único" moderno es reemplazado por el de una "red de relaciones de colaboración", generalmente entre dos o más escritores, entre escritores y compañías de actuación, entre compañías de actuación e imprenteros, entre compositores y lectores de pruebas, entre imprenteros y censores, de manera tal que no existe un solo momento de "texto individual" (601). La problemática del *auteur* nos recuerda entonces hasta qué punto aún está vigente el concepto narrativo de una agencia única –aunque colectiva– en ciertas ideas corrientes sobre la "identidad" (y de hecho aparece en la última página de esta antología, en la conmovedora apelación de Angela McRobbie –a propósito de la misión de los Estudios Culturales en los '90– a que éstos actúen como "una suerte de guía de cómo la gente se ve a sí misma [...] como agentes activos cuyo sentido de sí mismos se proyecta y se expresa en una gama amplia de prácticas culturales" (730). Pero esa concepción aislacionista de la identidad grupal a lo sumo abriría un espacio para los Estudios Culturales en el que cada uno de los grupos diría lo suyo –en una especie de sesión plenaria de las Naciones Unidas– y encontraría en los otros una escucha respetuosa (y políticamente correcta): un ejercicio ni muy estimulante ni muy productivo, se podría pensar.

Sin embargo, las "identidades" presentes en este volumen son básicamente duales: para ellas, el paradigma es el feminismo negro (pero también el feminismo chicano, como es el caso del vigoroso ensayo de Angie Chabram-Dernersesian). En verdad, me atrevería a sugerir que hoy los Estudios Culturales (o, por lo menos, los que se proponen en esta colección y en esta conferencia en particular) son en gran parte una cuestión de doble ciudadanía; tienen por lo menos dos pasaportes, si no más. Pareciera que el trabajo y el pensamiento verdaderamente interesantes y productivos no tienen lugar sin la tensión productiva de intentar combinar, navegar, coordinar diversas "identidades" al mismo tiempo, diversos compromisos y posiciones. Es como una reiteración de la antigua idea sartreana de que es mejor para el escritor dirigirse al mismo tiempo a por lo menos dos públicos distintos y no relacionados entre sí. Una vez más, es entre las variadas reflexiones de Stuart Hall (uno de los precursores o fundadores de los antiguos "Estudios Culturales" de Birmingham) donde se afirma la necesidad de vivir con estas tensiones (284). Sin duda, en este pasaje en particular, Hall se refiere a la tensión entre texto y sociedad, entre superestructura y base, lo que él denomina el "desplazamiento" necesario de la cultura desde lo real social hasta lo imaginario. Pero antes nos recuerda las tensiones que implica la existencia de múltiples influencias ideológicas y de deudas al marxismo, aunque también al feminismo, al estructuralismo, al "giro lingüístico" y a tantas otras fuerzas gravitatorias, las cuales constituyeron la riqueza de esta escuela para –en vez de intentar alcanzar la síntesis final, la eliminación de las contradicciones y el aplastamiento de múltiples operaciones en un programa único o una fórmula– reaccionar contra estas posibilidades. Las tensiones entre las identidades de grupo –podríamos pensar– ofrecen un campo de fuerzas mucho más productivo que las ambivalencias interdisciplinarias de las que ya hemos hablado. Pero todo esto puede diluirse o aplanarse por otra causa: por la excluyente fórmula disciplinaria del posmodernismo y su versión del pluralismo, un tópico que aquí se elude sistemáticamente por una razón que ahora resulta obvia.

Los Estudios Culturales como un sustituto del marxismo

En realidad, si quisiéramos hacer un asalto frontal al posmodernismo y debatir sobre la necesidad filosófica de Estudios Culturales que no sean una celebración posmoderna del desdibujamiento de las fronteras entre lo alto y lo bajo, del pluralismo de los microgrupos y del reemplazo de la política ideológica por la imagen y la cultura mediáticas, sería necesario volver a evaluar la relación tradicional que el movimiento de los Estudios Culturales estableció con el marxismo, lo cual excede obviamente las ambiciones de esta conferencia. Evidentemente la mayoría entiende al marxismo como otra clase de identidad grupal (pero de un grupo muy reducido, por lo menos en los Estados Unidos) más que como el tipo de problemática (¡y problema!) que plantea Stuart Hall ("el marxismo en tanto proyecto teórico instaló ciertas preguntas en la agenda [...] preguntas sobre qué significaba trabajar cerca del marxismo, trabajar sobre el marxismo, trabajar contra el marxismo, trabajar con él, trabajar para tratar de desarrollar el marxismo" (279). Sería muy importante comprender verdaderamente estas cuestiones, en la medida en que, en los Estados Unidos, los Estudios Culturales pueden ser entendidos como un "sustituto" del marxismo, o como un desarrollo de éste (como ha sostenido Michael Denning a propósito de los "Estudios Americanos", movimiento precursor y rival).[6]

Pero ni siquiera se presta atención aquí a la estratégica reformulación inglesa del marxismo, hecha por

6. Michael Denning, "'The Special American Conditions': Marxism and American Studies", *American Quarterly* 38, n° 3 (1986), 356-80.

Raymond Williams, como "materialismo cultural" (ni han demostrado en general los americanos demasiada preocupación por evitar el "idealismo"); tampoco la voluntad política implícita en el grupo de Birmingham es tanta como en el caso de Williams, según se desprende de estas páginas. Es necesario insistir una y otra vez (para ambos), que los Estudios Culturales o "el materialismo cultural" han sido esencialmente un proyecto político y, en realidad, un proyecto marxista. Siempre que la teoría extranjera cruza el Atlántico, tiende a perder muchos de los matices políticos o de clase relacionados con su contexto (como lo demuestra la evaporación de gran parte de los matices propios de la teoría francesa). Pero no hay caso más notable de este proceso que lo que ocurre con la actual reinvención americana de lo que fue en Inglaterra una cuestión de militancia y un compromiso con el cambio social radical.

No obstante, en este volumen, las habituales letanías antimarxistas americanas sólo aparecen ocasional e incidentalmente. Sánchez-Tranquilino y Tagg evocan con entusiasmo una transformación sistémica (a la que no quieren por alguna razón denominar "posmoderna"): "Mientras el Museo podía concebirse como un Aparato Ideológico del Estado [...] era posible imaginar otro lugar, otra conciencia [...] Ahora, con el socavamiento de estas categorías y sus lógicas, ambas caras parecen haber sido absorbidas o haber desaparecido en un espacio sin gravedad. [...] Esas formas de explicación sociológica han quedado atrapadas en el colapso interno de la disciplina a la que decían criticar" (556-7).

Por fortuna, prácticamente no aparece aquí una de las afirmaciones habituales más torpes: que el marxismo es antifeminista o excluye a las mujeres. Pero el "alto feminismo" parece involucrarse en otro reproche conocido: los Estudios Culturales ya no hacen Gran Teoría ("en la cual los problemas históricos mundiales, masivos, se debaten en un nivel de generalidad tal que no pueden ser solucionados" [Morris, 466]). Se trata de un reproche dirigido específicamente contra el marxismo, pero también parece descartar otros grandes nombres y otras grandes teorías además del feminismo, el psicoanálisis, el lacanismo, la desconstrucción, Baudrillard, Lyotard, Derrida, Virilio, Deleuze, Greimas, etc. (con la excepción de Raymond Williams, uno de los iconos del nuevo movimiento que mínimamente funciona todavía, aunque no es el caso de Gramsci, Brecht o Benjamin).

Pero los detractores más bulliciosos de la "gran teoría" son los australianos, y tal vez este hecho se deba en parte a las raíces anarquistas e idiosincrásicas de su radicalismo. En verdad, desde Australia llega otra variante aun más siniestra de este antiintelectualismo, por lo demás, inofensivo: la crítica "activista" y específicamente política del marxismo que realiza Tony Bennett. Luego de apresurarse a exceptuar a los "nuevos movimientos sociales" de sus propias posiciones reformistas concernientes a la actividad política, Bennett describe su posición de la siguiente manera:

> Lo que se debe discutir es cómo conducir estos dos aspectos de los procesos políticos [la política de alianzas y de tema único] y cómo conectarlos entre sí de forma que anticipen (y se espera que allanen el camino para) una clase, un género, un pueblo o una raza unificados, en tanto agente social que pueda iniciar acciones decisivas cuando concluya políticamente un proceso que tiene asignada la tarea de dar a luz dicho agente. Y hay que hacerlo porque esos proyectos políticos y las construccio-

nes que los abastecen llegan a obstaculizar el desarrollo
de formas más inmediatas y específicas de cálculo político y de acción, que puedan mejorar las circunstancias sociales y las posibilidades de los electores. (32)

¿Laclau/Mouffe *versus* Gramsci? *¿versus* Lenin? ¿Bennett *versus* Laclau/Mouffe? Es imposible determinar el
marco de referencia, en primer lugar porque nadie (de la
izquierda) ha creído alguna vez en una clase, género, pueblo o raza unificados (y desde luego, tampoco Gramsci, al
que en las páginas precedentes se lo ha descartado sin
más, considerándolo "no muy útil políticamente" [29]).
Bennett representa un verdadero "pensamiento del otro",
ocupado en localizar y denunciar los errores ideológicos
de todos estos enemigos de la Izquierda en la tradición
más notoria del autoritarismo althusseriano. Tampoco
parece advertir cuán obsceno puede resultar, para los
lectores de izquierda americanos, sus propuestas de
"hablar y trabajar con lo que se ha llamado los AIE
(Aparatos Ideológicos del Estado) en vez de descalifi-
carlos de entrada, para luego, en una profecía autocum-
plida, criticarlos nuevamente cuando ellos parecen afirmar las predicciones funcionalistas más calamitosas"
(32). La invitación a no decir más eslóganes marxistas
(gran teoría) y a entrar en el gobierno (presumiblemen-
te de tinte socialdemócrata) puede tener cierta relevan-
cia en un país pequeño con tradiciones socialistas, pero
sin duda aquí es un consejo fuera de lugar (y, en cualquier caso, bastante imposible de cumplir). El tono de
este ensayo –orgullosamente ubicado al comienzo de este volumen por razones alfabéticas– resulta sumamente
equívoco respecto del espíritu de la totalidad de la colección. Lo que resulta más penoso es la ignorancia que demuestra respecto de las diferencias estructurales que hoy

existen entre las distintas situaciones nacionales, uno de los temas fuertes del presente volumen y, paradójicamente, un tema en el cual los colaboradores australianos desempeñan un papel central, como veremos en breve.

Pero esta formulación particular de Bennett lleva al estereotipo antimarxista fundamental, en la medida en que el párrafo citado puede ser traducido como una de las expresiones negativas más antediluvianas: "la totalización", es decir, un tipo de homogeneización orgánica y totalitaria bajo la cual los "marxistas" se supone que dominan todas las formas de la diferencia. En Sartre, sin embargo, este término originariamente filosófico simplemente significaba la forma en que se ligaban y se ponían en relación las percepciones, los instrumentos y las materias primas bajo la perspectiva unificadora de un proyecto (si no se tiene un proyecto o no se quiere tenerlo, desde luego este término ya no se aplica). No estoy seguro de si este concepto proyecta exactamente un modelo (o si éste se construye de acuerdo con la imagen de uno), pero sospecho que no importa demasiado, dado que las concepciones *relacionales* –aunque intenten mantener distinguidos y separados los términos– tienden a deslizarse hacia imágenes de una masa indiferenciada. Véase la suerte que corrió el concepto, por lo menos pop-filosófico, de lo "orgánico": alguna vez designó la diferencia radical de funcionamiento entre los diversos órganos (una de las imágenes fundamentales de Marx en los *Grundrisse* fue la de "metabolismo"), pero ahora parece que este término significa convertir todo en la misma cosa. Lo "orgánico", junto con el concepto de "historia lineal" (una construcción que, creo, debemos a McLuhan), se ha transformado en uno de los errores fundamentales del postestructuralismo (por lo

menos hasta que apareció el de "totalización"). Desde
luego, uno puede dejar de usar estas palabras por razones tácticas (y para abreviar explicaciones lexicales y fi-
lológicas como ésta). Seguramente desde una perspectiva desapasionada, esta colección está atiborrada de actos
de totalización, que no tendría ningún sentido localizar
y eliminar, a menos que se quiera retornar a ese tipo de
teorización de tonos puros y sólidos, la cual, junto con
la política de una identidad sin mezcla, resultan incompatibles –como ya se ha sostenido– con la naturaleza
esencialmente de mezcla de los Estudios Culturales.

Articulación: el manual del conductor de camiones

Estos actos de totalización están, no obstante, ca-
muflados bajo una nueva figura, la cual –a diferencia de
la acusación sartreana de la totalización– tiene una respetable corrección teórica postestructural (y, como todas las figuras, ésta desplaza ligeramente los términos
de la anterior). Se trata del concepto omnipresente de
articulación, para el cual necesitamos urgentemente una
entrada léxica en un gran diccionario ideológico a propósito del espíritu objetivo del período. Derivado del
cuerpo como referencia (al igual que lo "orgánico"), la
"articulación" designa las partes óseas y las conexiones
del esqueleto, más que los órganos delicados (tal vez, el
rigor y la cualidad mecánica jueguen a su favor en la actualidad); pero luego el término se traslada rápidamente al discurso, como en una alegoría del "giro lingüístico". Creo que debemos su uso compulsivo a Althusser
(cuya influencia puede haber tenido algún efecto en las
figuras aún más compulsivas de Foucault, las figuras de
segmentación y divisibilidad espacial), y que posee una

generalización que llega a través de la reinvención elegante en idioma inglés de Ben Brewster, las extensiones políticas de Poulantzas, junto a la antropología de Pierre-Philippe Rey, pasando por Hindess y Hirst y por una *lingua franca* teórica generalizada, hasta llegar a expresiones actuales favoritas tales como "borrar", "circulación", "construido", y otras por el estilo. Lo que se recuerda menos es que Althusser en realidad encontró este eco estructuralista y de apariencia althusseriana en Marx mismo, y específicamente en el gran ensayo del programa inconcluso de Agosto de 1857, que sirvió como introducción al *Grundrisse*.[7]

Gliederung designa aquí la articulación entre sí de categorías (y realidades) de producción, distribución y consumo (bajo esta forma, se trata de un modelo interesante cuya aplicación todavía queda por explorarse). Es importante señalar el desarrollo extraordinariamente rico y prácticamente independiente del concepto de articulación que hizo la Escuela de Birmingham en un momento crucial de su historia, cuando las intersecciones de raza, género y clase se tornaron un problema teórico urgente. La formulación de Catherine Hall resulta canónica:

> No creo que tengamos, hasta ahora, una teoría sobre la articulación de la raza, la clase y el género ni sobre las formas en que estas articulaciones pueden funcionar. A menudo los términos se generan como una letanía, para probar su corrección política, pero ello no necesaria-

7. Véase el Prefacio de 1857 al *Grundrisse* y *Reading Capital*, de Louis Althusser y Etienne Balibar (Londres, Verso, 1970). Estoy en deuda con Perry Anderson y Ken Surin por su asistencia en esta rápida genealogía: Jose Ripalda Crespo me asegura que la historia del concepto más allá de Marx es banal y se pierde en la noche de la es-

mente significa que los modos de análisis que siguen verdaderamente impliquen una comprensión del funcionamiento de cada eje de poder en relación con los otros. En verdad, es extremadamente difícil realizar ese trabajo porque el nivel de análisis es necesariamente muy complejo, con diversas variables en juego al mismo tiempo. Por lo tanto, resultan, en mi opinión, muy importantes los estudios de casos tanto históricos como contemporáneos, que muestren detalladamente las formas contradictorias que asumen estas articulaciones en momentos históricos específicos y a lo largo del tiempo. (270-271)

Tal vez la idea de lo que la teoría debería ser ("no tenemos todavía una teoría") da demasiada ayuda y tranquilidad a quienes son alérgicos a "la gran teorización", ya que se podría pensar que el concepto de articulación que se ha señalado aquí ya es precisamente una teoría en su justo derecho. Implica una especie de estructura giratoria, un intercambio de iones entre entidades diversas, en la que los impulsos ideológicos asociados a algún ion pasan por alto e interfieren en otro, pero sólo provisionalmente, en un "momento específi-

---

colástica medieval. En tanto, en el uso último y más conocido de este término –véase el trabajo de Ernesto Laclau y Chantal Mouffe sobre la sorprendente anatomía de la política de alianzas, *Hegemony and Socialist Strategy* (Londres, Verso, 1985)– no se considera el concepto históricamente (aunque no se encuentra en Gramsci). Por último, tanto Michael Denning como Andrew Ross me han dicho que la imagen fundamental que transmite en Birmingham –¡sombras de la locomotora de la historia!– es la imagen de lo que se llama en Gran Bretaña el "camión articulado". [La expresión "camión articulado" alude a la existencia de un primer móvil y un *trailer*. Dicho primer móvil, aunque menor y liviano, determina el movimiento del *trailer*. Así, la articulación describe no sólo una combinación de fuerzas, sino un relación jerárquica entre ellas. T.]

co históricamente", antes de entrar en nuevas combinaciones y convertirse sistemáticamente en otra cosa, cayendo cada tanto en una media vida interminable, o estallando por las convulsiones de una nueva crisis social. La articulación es, por ende, una totalización puntual y a veces incluso efímera, en la que los planos de raza, género, clase, etnia y sexualidad se intersectan para formar una estructura operativa. La siguiente es una declaración más completa de Stuart Hall:

> La unidad formada por esta combinación o articulación es siempre, necesariamente, una "estructura compleja": una estructura en la que las cosas están relacionadas tanto por sus diferencias como por sus similitudes. Ello hace necesario que se exhiban los mecanismos que conectan los rasgos disímiles, ya que no hay una "correspondencia necesaria" ni se puede asumir como dada la homología expresiva. También significa –en la medida en que la combinación es una estructura (una combinación articulada) y no una asociación azarosa– que habrá relaciones estructuradas entre las partes, por ejemplo, relaciones de dominancia y subordinación. (579-580)

En realidad, en esa terminología analítica hay toda una poética implícita, dado que la "representación" misma de dichas complejidades resulta siempre problemática. No sólo la estructura de lo complejo no nos es dada de antemano (por ejemplo, si es la raza o el género lo que aparece primero, cuál de ambas instancias resulta determinante temporariamente para la otra): también debe inventarse el lenguaje con que se describen los "elementos" y sus conexiones. Las descripciones de la articulación son, entonces, necesariamente autorreferenciales en la medida en que deben observar y validar sus propios instrumentos lingüísticos, preservando sólo el vestigio más ligero y tenue del contenido primero de la figura (las uniones o los huesos trabajando juntos, la sensación mecánica de la conexión como tal).

La articulación, entonces, aparece como el nombre del problema teórico o conceptual central de los Estudios Culturales, ejemplificado una y otra vez en el presente volumen precisamente donde esta cuestión no aparece en primer plano. Se lo puede advertir en el trabajo de Constance Penley, en las nociones más bien freudianas (y también marxistas) de falta, contradicción, sustitución y formación compensatoria. En su ensayo sobre el porno de las mujeres, *Star Trek* [Viaje a las estrellas], la autora destaca

> [...] el hecho de que las *fans* pueden imaginar una relación sexual sólo si implica una pareja sin hijos conformada por dos hombres, que nunca tienen que cocinar o fregar la bañera y que viven trescientos años en el futuro. Diría también que el fanatismo *Star Trek* es, en general, un intento de resolver otra falta, la de la relación social. La cultura fanática de *Trek* está estructurada alrededor del mismo vacío que estructura la cultura americana en general, y también su deseo es que los antagonismos fundamentales, como la clase y la raza, no existan. (495)

Pero aquí la articulación público/privado o social/sexual se considera como una clase de dualismo que lleva la descripción a freudo-marxismos más conocidos, como el de Deleuze y Guattari en su *Anti-Oedipus*. Se podría también representar la articulación en términos de modelos e influencias que invitan a la reflexión, como en el trabajo ya mencionado de Kobena Mercer sobre los años '60, en el que el movimiento negro y la estructura ideológica y libidinal de la militancia negra se articula como una "cadena de significación" que puede ser reproducida en otras áreas. (Una cuestión que él señala enérgicamente es que se trata de un "factor conector reversible" –y que puede retrotraer a nuevas formas originales de racismo–, observación que resulta una oportuna reprimenda a cierto triunfalismo omnipresente en los Estudios Culturales.) Pero la articulación también implica y está en la base de la alegoría como estructura expresiva fundamental: Janice Radway nos recuerda que la cultura popular o de masas ha sido sistemáticamente fantaseada como femenina (513). Las estructuras alegóricas de la fantasía colectiva, que van rotando, son en realidad el texto básico para cualquier aproximación a la articulación como síntoma o como programa político. Pero esta dinámica de la articulación no se va a esclarecer hasta que comprendamos mejor las consecuencias implícitas en el hecho de ver la cultura como la expresión de un grupo individual.

La cultura y la libido grupal

La cultura –la versión más débil y secular de eso llamado religión– no es una sustancia o un fenómeno propiamente dicho; se trata de un espejismo objetivo que surge de una relación entre, por lo menos, dos grupos. Es decir que ningún grupo "tiene" una cultura sólo por sí mismo: la cultura es el nimbo que percibe un grupo cuando entra en contacto con otro y lo observa. Es la objetivación de todo lo que es ajeno y extraño en el grupo de contacto: en este contexto, es de sumo interés observar que uno de los primeros libros sobre la interrelación de los grupos (el rol constitutivo de la frontera, la forma en que cada grupo es definido por los otros y, a su vez, éste los define) se inspira en *Estigmas*, de Erving Goffman, para describir cómo funcionan para los otros las marcas definitorias:[8] en este sentido, entonces, una "cultura" es un conjunto de estigmas que tiene un grupo a los ojos de otro (y viceversa). Pero dichas marcas son más a menudo proyectadas en la "mente ajena" bajo la forma de ese pensamiento-del-otro que llamamos creencia y que elaboramos como religión. La creencia en este sentido no es algo que poseemos nosotros, dado que lo que hacemos nos parece natural y no necesita la motivación y la racionalización de esta extraña entidad internalizada. En efecto, el antropólogo Rodney Needham ha señalado que la mayoría de las "culturas" no poseen el equivalente de nuestro concepto o seudoconcepto de "creencia" (revelándose así como algo que los traductores proyectan ilícitamente en lenguas no cosmopolitas, no imperiales).

Pero ocurre que "nosotros" también hablamos a menudo de "nuestra propia" cultura, religión, creencias o lo que fuere, lo cual ahora puede identificarse como la recuperación de la visión del otro sobre nosotros; de ese espejismo objetivo por el cual el Otro se ha formado una imagen de nosotros como "poseedores" de una cultura. Según el poder del Otro, esta imagen alienada exige una respuesta, que puede ser tan inconsecuente como la negación –por medio de la cual los americanos hacen caso omiso de los estereotipos del "americano feo" que encuentran en el extranjero–, o que puede ser tan profunda como los diversos renacimientos étnicos –tal es el

---

8. Harald Eidheim, "When Ethnic Identity Is a Social Stigma", en Fredrik Barth, *Ethnic Groups and Boundaries* (Boston, Little, Brown, 1969), págs. 39-57. Véase también Bernard McGrane, *Beyond Anthropology* (Nueva York, Columbia University Press, 1989), que abre un nuevo campo al analizar las sucesivas figuras del Otro en el Renacimiento (en el que el Otro es un ser infernal, al nivel del

caso del nacionalismo hindú–, a través de los cuales un pueblo reconstruye dichos estereotipos y los afirma en una nueva política cultural nacionalista: algo que jamás es el "retorno" a una realidad auténtica previa sino siempre una nueva construcción (que surge de lo que parecen ser materiales más viejos).

La cultura, entonces, debe verse siempre como un vehículo o un medio por el cual se negocia la relación entre los grupos. Si no se está atento y se la desenmascara siempre como una idea del Otro (aun cuando la reasuma para mí), se perpetúan las ilusiones ópticas y el falso objetivismo de esta compleja relación histórica (por ende, las objeciones que se han hecho a los seudoconceptos como "sociedad" son aun más válidas en este caso, en el que se puede rastrear su origen en la lucha de grupos). Entretanto, se puede cumplir más satisfactoriamente con los objetivos de un principio sociológico de Heisenberg si se insiste en este programa de "traducción" (el imperativo de transformar los conceptos de la cultura en formas de relación entre grupos colectivos), lo cual resulta más efectivo que la recomendación habitual, de tipo individualista, de ubicarse en el lugar del observador. En realidad, el otro-antropólogo, el observador individual, representa a un grupo social entero, y es en este sentido que su conocimiento es una forma de poder, entendiéndose por "conocimiento" algo individual, y por "poder", el intento de caracterizar ese modo de relación entre los grupos, para el cual nuestro vocabulario resulta tan pobre.

---

oro y de las especies), el Iluminismo (en el que el Otro es un pagano y un "no iluminado" en el sentido específico de ser ignorante de las "causas desconocidas") y en el siglo XIX (en el que el Otro se posiciona en un punto anterior en el tiempo histórico).

La relación entre los grupos es, para decirlo de algún modo, no natural: es el contacto externo azaroso entre las entidades que tienen sólo un interior (como una mónada) y ningún exterior o superficie externa, con excepción de esta circunstancia particular en la que es precisamente el borde externo del grupo –mientras permanece irrepresentable– el que roza con el del otro. Hablando llanamente, entonces, deberíamos decir que la relación entre los grupos debe ser siempre de violencia o de lucha, dado que la forma positiva o tolerante que tienen de coexistir es apartarse uno del otro y redescubrir su aislamiento y su soledad. Cada grupo es, por lo tanto, el mundo entero, lo colectivo es la forma fundamental de la mónada, que carece de "ventanas" y de límites (por lo menos desde adentro).

Pero este fracaso u omisión de un conjunto de actitudes plausibles, por no decir "naturales", mediante las cuales se puedan conducir las relaciones de grupo, implica que las dos formas fundamentales de la relación del grupo se reducen a las primordiales de envidia y odio. La oscilación entre estos dos polos puede explicarse, al menos en parte, por el prestigio (para usar una de las categorías de Gramsci): el intento de apropiarse de la cultura del otro grupo (que, como hemos visto, significa de hecho inventar la "cultura" del otro grupo) constituye un tributo y una forma de reconocimiento grupal, la expresión de la envidia colectiva, e implica admitir el prestigio del otro grupo. Pareciera que este prestigio no puede reducirse muy ligeramente a cuestiones de poder, dado que con frecuencia grupos más numerosos y poderosos pagan este tributo a los grupos a los que dominan, borrando e imitando sus formas de expresión cultural. Probablemente el prestigio sea, entonces, una emanación de la solidaridad grupal, la cual tiene que ser desarrollada con mayor desesperación por un grupo más débil que por un grupo mayor, displiscente y hegemónico, el cual, no obstante, siente veladamente la propia falta interna de dicha cohesión, e inconscientemente se lamenta de su tendencia a la disolución como grupo. Otra expresión fuerte de esta clase de envidia es la de "Groupie-ismo", pero ahora sobre una base individual; se produce cuando miembros de la "cultura" dominante se desentienden y fingen la adhesión a los dominados (después de todo lo que se dijo probablemente no sea necesario agregar que los *groupies* son en este sentido, protointelectuales o intelectuales en potencia).

En lo que respecta al odio del grupo, éste moviliza los síndromes clásicos de peligro y pureza, y actúa como una suerte de defensa de las fronteras del grupo primario contra esa amenaza que se percibe como inherente a la existencia misma del Otro. El racismo moderno (opuesto al posmoderno o al "neo" racismo) es una de las formas más elaboradas de ese odio grupal, y apunta en la dirección de todo un programa político. Debería llevarnos a una reflexión respecto del papel que desempeña el estereotipo en todos esos grupos o esas relaciones "culturales", los cuales virtualmente, por definición, no podrían existir sin el estereotipo. Porque el grupo como tal es, necesariamente, una entidad imaginaria, es decir, ninguna mente individual es capaz de intuirlo concretamente. El grupo debe abstraerse o fantasearse sobre la base de contactos individuales aislados y de experiencias que nunca pueden ser generalizadas si no es de forma burda. Las relaciones entre los grupos son siempre estereotipadas en la medida en que implican abstracciones colectivas del otro grupo, más allá de cuán adocenadas, respetuosas o liberalmente censuradas sean. Lo que es políticamente correcto hacer bajo estas circunstancias es permitir que el otro grupo construya la imagen propia que prefiera para, en adelante, funcionar con ese estereotipo "oficial". Pero no es posible deshacerse de la inevitabilidad del estereotipo –y de la posibilidad de odio grupal, de racismo, de caricatura, y de todo lo que puede venir junto con ello–. Por lo tanto la utopía, bajo esas circunstancias, sólo podría equivaler a dos tipos de situaciones diferentes, que podrían de hecho resultar ser la misma: por un lado, en ausencia de grupos, un mundo en el que sólo los individuos confrontaran unos con otros; por el otro lado, un grupo aislado del resto del mundo de forma tal que nunca surgiera la cuestión del estereotipo externo (o la "identidad étnica"). El estereotipo es, en realidad, el lugar de un exceso ilícito de sentido, lo que Barthes llama la "náusea" de las mitologías: es la abstracción en virtud de la cual mi individualidad se alegoriza y se transforma en una ilustración burda de otra cosa, algo no concreto y no individual. ("No me uno a organizaciones ni pongo etiquetas", dice un personaje de una película reciente. "No tienes que hacerlo –le contesta su amigo–. ¡Eres judío!". Para este dilema la solución liberal no resulta posible –ésta pasa por alto los estereotipos o pretende que no existen–, aunque afortunadamente la mayoría del tiempo continuamos actuando como si lo fuese.

Los grupos son, entonces, siempre conflictivos, y esto es lo que ha llevado a Donald Horowitz a sugerir, en un estudio definitivo sobre el conflicto étnico internacional,[9] que aunque él considera que la explicación económica y clasista del marxismo para dichos conflic-

9. Donald Horowitz, *Ethnic Groups in Conflict* (Berkeley, University of California Press, 1985), 90-92. Véase también la intere-

tos es insatisfactoria, Marx puede haber anticipado –sin ser consciente de ello– un rasgo fundamental de la teoría étnica moderna, en su noción de la estructura necesariamente dicotómica del conflicto de clase. Efectivamente, para Horowitz, los conflictos étnicos siempre tienden a la dicotomía; cada sector termina incorporando diversos grupos étnicos satélites más pequeños de forma tal que se recrea simbólicamente una versión gramsciana de la hegemonía y de los bloques históricos y hegemónicos. Pero las clases, en ese sentido, no preceden al capitalismo y no existe una teoría marxista unívoca de la causalidad "económica": la mayoría de las veces lo económico es el disparador olvidado de todo tipo de desarrollos no económicos. El énfasis en él es heurístico más que ontológico, y tiene que ver con la estructura de las diversas disciplinas (y con lo que ellas estructuralmente ocultan o reprimen). Por el contrario, lo que el marxismo tiene para ofrecer a la teoría étnica es, probablemente, la idea de que las luchas étnicas pueden ser explicadas considerando la formación de clase como tal.

En realidad, las clases plenamente conscientes, las clases en y para sí, las clases "potenciales" o estructurales que han alcanzado –por medio de complejos procesos históricos y sociales– lo que generalmente se llama "conciencia de clase", son también claramente grupos en nuestro sentido (aunque los grupos en nuestro sentido raramente constituyen clases como tales). El marxismo sugiere dos cosas en relación con estos dos tipos de grupos particulares y relativamente extraños. Lo primero es que tienen muchas más posibilidades de desarrollo

---

sante investigación de Perry Anderson sobre el concepto de "carácter nacional" en "Nation-States and National Identity", *London Review of Books* 9, mayo de 1991, págs. 3-8.

que los grupos étnicos: se pueden expandir potencialmente hasta volverse colindantes de la sociedad como
un todo (y lo hacen durante esos eventos puntuales y
únicos que llamamos "revoluciones"), mientras que los
grupos están necesariamente limitados por su propia
autodefinición y sus características constitutivas. El
conflicto étnico puede, por lo tanto, desarrollarse y ex-
pandirse hacia un conflicto de clase, mientras que la de-
generación del conflicto de clase hacia la rivalidad étnica constituye un desarrollo restrictivo y centrípeto.

(En realidad, la alternancia de envidia y odio constituye una excelente ilustración del funcionamiento de
la dialéctica de clase y de grupo: más allá de cuál sea la
investidura grupal o de identidad que se ponga en juego en la envidia, su opuesto libidinal siempre tiende a
trascender la dinámica de la relación grupal hacia una
relación de clase propiamente dicha. Quien haya obser-
vado el odio de grupo y de identidad que se manifestó
en la Convención Nacional Republicana –la hostilidad
de raza y género se evidenció claramente en los discursos y en los rostros de los "contrarrevolucionarios culturales" característicos, como Pat Buchanan–, comprendió
de inmediato que, en el fondo, era fundamentalmente
hostilidad y lucha de clases lo que estaba en juego en
esas pasiones y sus simbolismos. Del mismo modo, se podría decir que los observadores que percibieron ese sim-
bolismo y respondieron a la derecha republicana con la
misma moneda también tenían su conciencia e identidad
de grupo pequeño "elevada" hacia el último horizonte de
la clase social.)

El segundo punto deriva del primero: sólo se puede
hallar una resolución a dichas luchas si se modula lo étnico en la categoría de clase. Dado que en general el
conflicto étnico no puede ser solucionado o resuelto,

sólo puede ser sublimado en una lucha de tipo diferente que sí pueda resolverse. La lucha de clases –que tiene como objetivo y resultado no el triunfo de una clase sobre otra, sino la abolición de la categoría misma de clase– ofrece el prototipo de una de esas sublimaciones. El mercado y el consumo –lo que eufemísticamente se llama "modernización", es decir, la transformación de miembros de diversos grupos en el consumidor universal– es otro tipo de sublimación, que tiene una apariencia tan universal como la de la ausencia de clases, pero que tal vez deba su éxito fundamentalmente a las circunstancias específicas del *commonwealth* posfeudal norteamericano y a las posibilidades de nivelación social que surgieron con el desarrollo de los medios. Es en este sentido que la "democracia americana" pareció capaz de adelantarse a la dinámica de clases y de ofrecer una solución única a la cuestión de la dinámica grupal que ya hemos tratado. Por lo tanto, debemos tener en cuenta que las diversas políticas de la Diferencia –las diferencias inherentes a las distintas políticas que competen a la "identidad de grupo"– han sido posibles solamente por la tendencia a la nivelación de la Identidad social generada por la sociedad de consumo. Deberíamos también considerar la hipótesis de que una política cultural de la diferencia se hace factible sólo cuando las grandes y severas categorías de la Otredad clásica se han visto debilitadas sustancialmente por la "modernización" (o sea que las neoetnicidades actuales pueden ser distintas de las del tipo clásico, como el neorracismo lo es respecto del racismo clásico).[10]

10. Etienne Balibar, "Is There a Neo-Racism?", en Etienne Balibar e Immanuel Wallerstein, *Race, Nation, Class* (Londres, Verso, 1991), págs. 17-28.

Pero esto no significa una disminución de los antagonismos de grupo, sino precisamente lo contrario (como se puede advertir en la actual escena mundial). Por otra parte, es de esperar que los Estudios Culturales –en tanto espacio en el que se desarrolla la nueva dinámica de grupo– conlleven también su cociente de libido. En realidad, no resulta factible que los intercambios de energía o las formaciones iónicas de la "articulación" ocurran neutralmente, sin que se liberen violentas olas de afecto –heridas narcisistas, sentimientos de envidia e inferioridad, rechazo recurrente hacia los otros grupos–. Y, de hecho, es precisamente lo que vemos que está en juego en algunos de los más destacados artículos de esta colección.

En uno de sus momentos más dramáticos, Douglas Crimp examina detalladamente una práctica liberal-tolerante concerniente a la política cultural sobre el sida, y comprueba que la documentación analizada (fotográfica y en vídeo) –que ostensiblemente intentaba inspirar pena y compasión hacia quienes son denominados las "víctimas"– en realidad constituía "imágenes *fóbicas*, imágenes del terror al imaginar a un persona con sida como aún sexuada" (130). Este liberalismo, entonces, viene con un precio, a saber, la posibilidad que tiene el simpatizante liberal de clase media de evitar imaginar a la persona enferma en tanto ser sexual, de lo cual se desprende que la tolerancia liberal hacia los *gays* y las lesbianas generalmente requiere de esta represión fundamental de la imaginación, la de la conciencia de la sexualidad como tal. Aquí, el plano sexual o de género presta una poderosa contracatexia u odio al plano social, y permite un desarrollo del odio y de la reacción de masas que pueden ser movilizados más allá del grupo al que particularmente se dirigen, y hacerse accesibles a un tipo de política de alianzas diferente y más inquietante.

La semiótica del rechazo y de la envidia grupal debería desempeñar aquí un papel más importante que el que posee, dado que el odio y la envidia son –según ya se ha expuesto– las expresiones afectivas de la relaciones de los grupos entre sí, y en la medida en que se puede definir el objeto de los Estudios Culturales como la expresión cultural de las diversas relaciones que los grupos establecen mutuamente (a veces en una escala global, a veces en un individuo solo). En tal sentido, resulta notable el artículo de Laura Kipnis, cuyo título "(Male) Desire and (Female) Disgust: Reading *Hustler*" [El deseo (masculino) y el asco (femenino): leyendo *Hustler*] no deja suficientemente claro que una de sus tesis centrales se relaciona con la forma en que la conciencia de clase asume los símbolos de la repugnancia física (siguiendo el espíritu de *La distinción*, de Bourdieu):

> [...] la transcodificación entre el cuerpo y lo social establece los mecanismos por medio de los cuales el cuerpo resulta un tropo político privilegiado de las clases sociales inferiores, y la grosería del cuerpo opera como una crítica de la ideología dominante. El poder de la grosería se fundamenta en la oposición de *y hacia* los discursos altos, que resultan profilácticos en contraposición a la degradación de los bajos [...] (376)

Pero Kipnis llega aun más lejos, incluso que Bourdieu, ya que –como es apropiado si uno se ocupa de la conciencia de clase, la cual por definición es una relación y una forma de lucha– se hace cargo del intrincado tema de las "posiciones subjetivas" que están involucradas en este acto de agresión cultural (en el cual, por lo menos en primera instancia, las mujeres se tornan alegoría del refinamiento y de la cultura alta, en tanto los hombres –por medio de lo que Jeffrey Klein llama "el impulso de cuello azul" – lo son de la clase baja. [391].)

> [...] hay, además, un malestar por ser tratada como un sujeto de represión –como un sujeto con una historia–, y el rechazo del porno puede verse como una defensa erigida contra las representaciones que signifiquen desestabilizarla en su subjetividad. En otras palabras, hay una violación de la idea de la "naturalidad" de la sexualidad y la subjetividad femeninas, la cual se ve exacerbada por el hecho social de que no todas las mujeres efectivamente experimentan la pornografía masculina de la misma forma. (380)

Pero este análisis de las subjetividades intercolectivas y las posiciones subjetivas nos lleva virtualmente a las fronteras de un nuevo campo, que ya no es ni antropología ni sociología en el sentido tradicional, pero que efectivamente restablece a la cultura su significado profundo oculto, o sea, la cultura entendida como el espacio de los movimientos simbólicos de los grupos, que establecen mutuamente una relación agonística. Otro ensayo asume este campo como propio: "Representing Whiteness in the Black Imagination" [La representación de lo blanco en la imaginación negra], de Bell Hooks. La descripción que se hace allí del miedo visceral de la gente blanca, según lo concibe la imaginación negra, tiene algo de la intensidad de una obra de arte (supongo que no es necesariamente el mejor halago en este contexto).

Pero este nuevo campo no es ni tan fácil ni tan accesible, como tal vez haya sugerido sin darme cuenta: existen barreras, y éstas no se traspasan automáticamente por la introspección menos autoindulgente o la exploración autobiográfica más minuciosa. Para ver en qué consisten estas barreras debemos otra vez volver al marxismo (en realidad, la sección precedente constituye una descripción de las formas que asume la totalización en los Estudios Culturales). Lo que todavía no se ha mencionado es el papel que desempeña la clase social en los Estudios Culturales recientemente constituidos, el cual quizá no sea obvio, aunque así se ha insinuado al pasar.

Intelectuales flotantes

Aquí la clase esencialmente asume dos formas, que se agregan a la intervención, cambiante y aleatoria, de un "factor" de clase presente en las diversas constelaciones culturales que se analizan (como ocurre cuando la clase reaparece en el análisis de un objeto cultural pornográfico, en el caso de Kipnis, o se la fantasea teniendo en cuenta una alegoría de género). La primer forma en que la clase reaparece –con una preocupación que resulta omnipresente en estas páginas– es a través de la puerta trasera, inadvertida, del rol del intelectual como tal. Simon Frith lo menciona con una franqueza poco piadosa cuando declara: "Desde mi perspectiva sociológica, la música popular es una solución, una resistencia ritualizada, no al problema de ser joven y pobre y proletario, sino al problema de ser un intelectual" (179). La referencia profesional a la "perspectiva sociológica" no resulta ociosa ya que ésta expresa una concepción de la relación del intelectual con la sociedad muy diferente de la que los Estudios Culturales podían prever (cuando, en realidad, desea conceptualizar esta pregunta vergonzante). Concretamente se trata de lo que me atrevería a llamar "el sentido trágico de la vida" de los grandes sociólogos, desde Weber y Veblen hasta Bourdieu, esa glacial falta de compromiso respecto de los fenómenos sociales, que es la condición misma del conocimiento cierto del sociólogo y que excluye toda participación activista en lo social (en realidad, cualquier compromiso político en el sentido habitual), so pena de perder la lucidez, el poder de desmistificación, lo cual se paga precisamente con esta separación epistemológica de lo humano.

Ésta es, creo, una visión "burguesa" (o premarxista) de la cuestión, pero expresa la convicción de una verdad real, que no es otra que la del "principio de Heisenberg" del *status* del intelectual como observador, el hecho de que es precisamente dicho *status* –en sí mismo una realidad social y un hecho social– el que se interpone entre el objeto de conocimiento y el acto de conocer. En cualquier caso, en la base de esta sociología está la pasión de mirar a través de las ideologías y de las coartadas que acompañan a las luchas sociales de clase y de grupo, involucrando a éstas en niveles cada vez más altos de complejidad cultural. Si ahora nos damos cuenta de que para alcanzar esa lucidez sobre los mecanismos reales de la relación social hay que pagar el precio de una mentira piadosa, de una ceguera estratégica en el ámbito del intelectual, entonces finalmente el hecho de abordar todo lo que es social desde nuestro propio punto de vista como observadores, el renunciamiento al compromiso social, el intento de separar el conocimiento social de la posibilidad de acción en el mundo y, en primer lugar, el pesimismo acerca de la posibilidad de acción en el mundo, van a parecer actos de expiación de este particular (y estructural) pecado original.

El intelectual necesaria y constitutivamente está a cierta distancia, no sólo de su propia clase de origen, sino de la filiación de clase que ha elegido, pero en este contexto resulta aun más relevante el hecho de que él/ella está necesariamente a distancia también de los grupos sociales. La seguridad ontológica de los militantes de los nuevos movimientos sociales es engañosa: éstos podían sentir que porque eran mujeres o negros o pertenecían a una etnia, formaban parte, como intelectuales, de esa "gente" y ya no tenían que enfrentar los dilemas del intelectual clásico, con su "conciencia infeliz" hegeliana. Pero ahora sabemos que esto es imposible, particularmente desde que la cuestión del intelectual se ha reescrito, en el nuevo paradigma, como el problema de la representación, sobre el cual hay un cierto consenso de que ésta no resulta ni posible ni deseable. Sin embargo, en el antiguo paradigma, el intelectual era concebido, lúcidamente, como un "traidor objetivo", según la denominación de Sartre, un delito stalinista impersonal e inintencional, para el que no es posible hallar solución, sino sólo expiación o mala fe. En lo que Sartre más se acercaba al marxismo era en su convicción de que cuando no se puede resolver una contradicción, lo mejor y más auténtico es mantenerse en la autoconciencia desgarrada, o por lo menos ésta resulta preferible (como también lo es en otros ámbitos) a la represión y a la construcción artificial de una u otra forma de buena conciencia. Esto no resulta incompatible con la posición utópica según la cual, junto a Stuart Hall, podemos tratar de actuar como si ya existiera ese grupo del cual intentamos ser su "intelectual orgánico". O bien, teniendo en cuenta la expresión de Gramsci "Todo el mundo es un intelectual", podemos también sufrir la culpa de sangre o de clase propia del mundo intelectual en la actualidad, con la esperanza de una futura abolición de todas las clases y, junto con ellas, de todo lo que actualmente resulta conflictivo en los grupos más pequeños que ahora están sacudidos por el campo de fuerzas de la lucha de clases.

A la luz de este dilema parece trivial la invención *ad hoc* por parte de Foucault de la categoría a la que denomina "intelectual específico"; por otra parte, la antigua solución maoísta parece una imposibilidad trágica: según ésta, existe la promesa para el intelectual que vuelve al campo o a la fábrica de una reinmersión en el grupo, que lo depurará de ese pecado original, del delito de ser un intelectual. Pero a esto también se lo llama populismo, y se mantiene muy vivo, no sólo en estas páginas. El síntoma negativo del populismo es precisamente el odio y el rechazo hacia los intelectuales como tales (o hacia la academia, la cual, actualmente, se ha transformado en un sinónimo de ellos).[11] Se trata de un proceso simbólico contradictorio, no muy distinto del antisemitismo judío, dado que el populismo constituye, en sí mismo, una ideología de los intelectuales (el "pueblo" no es "populista"), que representa un intento desesperado de reprimir su condición y negar la realidad de su vida. En el área de los Estudios Culturales, desde luego el nombre de John Fiske es el que principalmente se asocia con cierta actitud populista hacia la cultura:

> En mi intento de pensar críticamente, desde la teoría cultural, las relaciones entre los *habitus* del sector dominante y del subordinado, la política nunca ha estado muy lejos de la superficie. Espero que podamos achicar la brecha y aumentar la conexión entre ambos porque creo

11. Véanse, por ejemplo, las observaciones de Constance Penley acerca del sentimiento popular de que los intelectuales –en este caso las feministas– pertenecen de alguna manera a las clases altas: "los *slashers* no sienten que pueden expresar sus deseos de un mun-

que, al hacerlo, podemos ayudar a cambiar la relación entre la academia y otras formaciones sociales, en particular la de los subordinados. Muchos de los que viven dentro de esas formaciones subordinadas hallan poca relación entre las condiciones de su vida cotidiana y las formas académicas de explicar el mundo. No queremos que este abismo se agrande, más aún cuando consideramos que, entre los movimientos recientes más efectivos que abogan por un cambio social se encuentran varios que implicaron lealtad entre las universidades y los miembros de las formaciones sociales subordinadas o reprimidas. (164)

Aquí y allá unos pocos espíritus valientes se atreven a expresar la opinión de que los académicos también son gente; pero nadie parece particularmente entusiasmado con la perspectiva de emprender una etnología de su cultura, temiendo –quizá con razón– lo preocupante y lo deprimente que puede resultar ese autoconocimiento, que ha sido rastreado incansablememente por Pierre Bourdieu en Francia (aunque después de todo hay una forma en la que el populismo y el antiintelectualismo son específicamente –hasta se podría llegar a decir exclusivamente– una cuestión americana). La objeción básica al trabajo de Fiske pasa por otro lado, y precisamente pareciera centrarse en la ambigüedad de la cultura o la superestructura, sobre la cual Stuart Hall ha alertado sobre su tendencia, en tanto objeto, a desplazarse de lo social, a reafirmar su semiautonomía, "a instanciar un aplazamiento necesario [...] algo descentrado en el ámbito de la cultura [...] que siempre se escapa y evade los

---

do mejor, más igualitario y sexualmente liberado a través del feminismo, no sienten que pueden hablar como feministas, no sienten que las feministas hablen por ellas" (492).

intentos de unirla, directa e inmediatamente, con otras estructuras" (284). El trabajo de Fiske se construye sobre este vacío, afirma la presencia de la opresión económica y la explotación social, al tiempo que lee la cultura como un conjunto de "recursos para luchar contra esas restricciones" (157). El temor no es únicamente que esa lucha pueda ser sólo imaginaria –como ocurre con la supuestamente infame visión sobre la religión de Marx–:[12] es más bien la sospecha de que el propio intelectual puede estar usando la celebración de la cultura de masas como un ritual para conjurar su "distancia" estructural, y para participar, como Edward Curtis, en la solidaridad y las danzas de la tribu étnica. (Curiosamente, uno de los estudios "textuales" verdaderamente interesantes de esta colección, el artículo de William Warner sobre *Rambo*, afirma la funcionalidad del dolor –presente en este texto cultural mediático– como una forma a través de la cual el público americano mitiga su culpa por haber perdido la guerra con imágenes del sufrimiento físico del héroe. En líneas generales, habría aumentado la credibilidad de este volumen si se hubiese prestado un poco más de atención a las "emociones negativas" en la cultura popular y en su análisis.

Pero es Michele Wallace quien más agudamente trata estas cuestiones en su estudio sobre las ironías de la representación en la micropolítica de los Estudios Culturales. Luego de rechazar los argumentos de quienes dicen "representar" al feminismo negro, y luego de describir las tensiones existentes dentro de este movimiento entre subversión e institucionalización (o estre-

---

12. Pero es importante señalar, como lo hace Cornel West, que la religión (y en particular el fundamentalismo) es un gran componente, básico, de la cultura mediática americana, y además aquí decididamente no está suficientemente analizado o representado.

llato comercial, como en el caso de los actores de *The color purple* [El color púrpura], la autora avanza hasta problematizar la cosa en sí misma, haciéndose la famosa pregunta de Gayatri Spivak: "¿Pueden hablar los subalternos?".

> Lo que cuestiono es que el feminismo negro (o cualquier otro programa) suponga acríticamente que puede hablar por las mujeres negras, la mayoría de las cuales son pobres y están "silenciadas" por una educación, una vivienda y una cobertura de salud inadecuadas, así como por la falta de acceso a la vida pública. No porque crea que el feminismo negro no debería tener algo que ver con la representación de la mujer negra que no puede hablar por sí misma, sino porque el problema del silencio, y las deficiencias inherentes a cualquier representación de los silenciados, debe ser reconocido como una problemática central en un proceso feminista negro de oposición. (663)

Esta modestia, junto a la apelación franca de Cornel West a los participantes a reconocerse a sí mismos como intelectuales americanos (y a asumir la carga de la historia cultural americana, la cual –junto con los "Estudios Americanos"– curiosamente, no está presente aquí), puede ofrecer la forma más satisfactoria de entender y considerar el dilema del intelectual cultural.

Sin embargo, no es el único modo, y seguramente en esta conferencia el tratamiento más innovador a propósito del intelectual es el del modelo del intelectual como "*fan*": "Como saben, algunos de los trabajos más interesantes que se están haciendo en los Estudios Culturales son etnográficos, y consideran a la crítica, en ciertos aspectos, en tanto '*fan*'"(Ross: 553). Es por lo menos una imagen y un rol un poco más atractivos que el del *groupie* clásico de los años sesenta, e implica la transformación de la identidad étnica o grupal (hacia la cual el *groupie* se veía atraído como una mariposa alrededor de la luz) en prácticas y desempeños que uno podría apreciar como espectador participante. Seguramente ello refleja la transformación propiamente posmoderna de la etnicidad en neoetnicidad, en la medida en que se lleva el aislamiento y la opresión de los grupos al reconocimiento mediático y a la nueva reunificación por la imagen (en una *Aufhebung* propiamente hegeliana, que preserva y, al mismo tiempo, anula la cuestión). Pero es una solución que no carece de problemas, ya que el nuevo *fan* es algo así como el *fan* de los *fans*, y tanto Constance Penley, en su descripción de la cultura *Star Trek*, como Janice Radway (en su clásico libro sobre el romance), son cuidadosas al documentar la distancia que debe recorrerse entre los *fans* "reales" y su etnógrafo académico. Simon Frith va aun más lejos: "Si –como se sugiere en este libro– los *fans* son intelectuales 'populares' (u orgánicos), bien pueden tener las mismas angustias acerca del hecho de ser *fans* (y se reconfortarán con los mismos mitos) que el resto de nosotros" (182). Ello subraya un giro particularmente derrideano en la transformación de la "gente" en "*fans*": mientras que en el primer caso había una sustancia primaria que persistía en su esencia y ejercía un poderoso efecto gravitacional sobre los intelectuales insustanciales que revoloteaban a su alrededor, la nueva versión revela un salón de espejos en el que la "gente" añora ser "pueblo" y "popular", siente su propia falta ontológica, anhela su propia estabilidad imposible e intenta narcisísticamente recuperar –por medio de diversos rituales– un ser que, en principio, nunca existió. Esto nos llevaría, sin duda, a una visión más psicoanalítica del conflicto étnico y grupal (tal vez en la línea propuesta por

Slavoj Žižek), pero también desalentaría en los intelectuales populistas el entusiasmo por una condición colectiva que no es mucho mejor que la propia.

Todo ello supone que el "pueblo" aún remite, de alguna manera, a esa población de clase media-baja que ve televisión y toma cerveza, trabajadores (o desocupados), blancos o negros, hombres o mujeres, acerca de los cuales existe generalmente la fantasía de que constituyen una realidad social étnica más grande. Pero, ¿y si fuera de otra manera? En realidad, Meaghan Morris resulta inquietante al señalar que "este proceso no llega a involucrar a la figura que de hecho se mantiene [...] irredimiblemente 'otro': el burócrata" (465). En tanto Andrew Ross, en algunos tramos de su ensayo, parece comprender que, para el público de los Estudios Culturales, lo que resulta más ambiguo en su propio objeto de estudio ("la tecnocultura New Age") es que la gente New Age puede ya no ser "popular" en este sentido populista sino que puede tratarse de gente medianamente cultivada, lo cual es mucho más funesto. (En realidad, la originalidad y la importancia del trabajo que está realizando Janice Radway sobre el Club del Libro del Mes estriba en que promete mostrar la construcción de lo "medianamente cultivado" y la función política y social que tiene dicha construcción como una especie de represión o desplazamiento de lo popular). Finalmente, en uno de los momentos más escalofriantes y cómicos de esta conferencia, Ian Hunter describe el Primer Contacto fundamental con el Otro burocrático:

El problema con la crítica estética (y con los Estudios Culturales, que todavía están atrapados en ese punto) es que se atreve a juzgar y comprender estos otros ámbitos culturales desde un único punto metropolitano, por lo general, la facultad de Artes de la Universidad. Sin embargo, cuando se viaja hacia estas otras zonas –a despachos legales, a instituciones mediáticas, a oficinas gubernamentales, a empresas, a agencias de publicidad– se hace un descubrimiento aleccionador: ya están todas atiborradas de sus propios intelectuales. Y simplemente miran hacia arriba y preguntan: "Bueno, ¿qué es exactamente lo que puede hacer usted por nosotros?"(372).

El populismo como una doxa

Pero no se puede terminar con el tema del populismo sin hacer una objeción última, más general, que atañe a algunos de los rituales teóricos y verbales de esta ideología. Dado que *Keywords* [Palabras clave], de Raymond Williams, resulta tan importante como referencia, sería bueno ir pensando en un volumen que lo acompañe: debería llamarse *Buzzwords* [Palabras de moda] y, según es posible imaginar, sería parecido al *Diccionario de lugares comunes*, de Flaubert, pero de nuestra era. Si ello fracasara, se podría proponer como una forma de higiene filosófica que durante aproximadamente diez años no se usaran más las palabras "poder" y "cuerpo". Nada resulta más incorpóreo que esas referencias al cuerpo, salvo cuando genera efectos viscerales reales –tal como ocurre en el trabajo ya mencionado de Laura Kipnis sobre *Hustler*, o en Douglas Crimp–. Difícilmente se alcance el materialismo con la letanía corporal: ésta parece ser una concesión a la cultura materialista de las masas (hay que reconocerlo), bajo la mirada escrutadora de Bourdieu. El materialismo del cuerpo es el materialismo mecánico del siglo XVIII y está creado a imagen del modelo médico (de allí el papel de Foucault a propósito de estas dos conductas obsesivas); pero dicho materialismo no debería ser confundido con un materialismo histórico que gira alrededor de la praxis y el modo de producción.

En líneas generales, debemos sospechar de la referencia al cuerpo como una apelación a la inmediatez (la advertencia corre también para el primer capítulo de la *Fenomenología...* de Hegel): incluso el trabajo médico y penal de Foucault puede leerse como una descripción de la construcción del cuerpo que rechaza la inmediatez prematura. En cualquier caso, tanto el estructuralismo como el psicoanálisis trabajan enérgicamente para desmistificar las ilusiones de la intimidad corporal, sugeridas en gran medida por el "deseo". El tema de la tortura no lo refuta sino más bien lo confirma, al hacer de la experiencia individual del cuerpo, que carece de palabras, la más aislada de todas las experiencias y la de más difícil acceso. Pero la fascinación actual por la pornografía, la tortura y la violencia es más el signo de la pérdida de esa inmediatez y la nostalgia por la concretud física, imposible, que la prueba del *Zeitgeist* de que está en todos lados, listo para ser aprehendido. De hecho, lo que hay a nuestro alrededor son más bien imágenes e información estereotipadas sobre el cuerpo, las cuales precisamente son la fuente más poderosa de interferencia cuando se intenta un enfoque fenomenológico completo del cuerpo. Esta última cuestión, por lo tanto, debe ser siempre problematizada históricamente, y no tratarse como un código interpretativo por derecho propio, al menos no para nosotros, aquí y ahora.

En lo que respecta al *poder*, éste sería el tema –según se sugiere a menudo en estas páginas– alrededor del cual giran los Estudios Culturales ("comparten el compromiso de examinar las prácticas culturales desde el punto de vista de su complejo vínculo con, y dentro de, las relaciones de poder" [Bennett 23]). Se trata de un slogan aun más peligroso e intoxicante para los intelectuales, ya que así se sienten más cerca de la "realidad" del poder de lo que tal vez estén verdaderamente. Creo que las interpretaciones en términos de poder deben plantearse como desmistificaciones puntuales, des-idealizaciones, y deben implicar un cierto *shock*, un reproche doloroso, en primer lugar, a nuestros propios hábitos de idealización. El reino de la cultura es, ciertamente, un espacio privilegiado para esos efectos de *shock*, dada la anfibiosidad de las superestructuras (y esa tendencia, de la cual habló Stuart Hall, a ser apartadas de su contexto). Puede ser saludable, particularmente para intelectuales culturales, recordar cada tanto (en distintos momentos históricos) que la cultura es funcional socialmente, que está al servicio de las instituciones y que su barniz de ocio o de estética, su apariencia reconstituyente o incluso utópica, resulta falsa y es un señuelo. Si todo es poder, entonces no necesitamos recordarlo, como tampoco puede este concepto mantener su fuerza desmistificatoria (el cual, por otra parte, tenía el beneficio de cuestionarnos como intelectuales). En ese caso, el "poder" es, como explicación, tan satisfactorio como la *vertu dormitive* del opio: si está en todos lados, no tiene mucho sentido hablar de él (Foucault lo pudo hacer sólo porque como historiador buscaba rastrear el surgimiento de un nuevo esquema del poder moderno). ¿Cuál es, en realidad, la ventaja de estigmatizar el poder de ese burócrata corporativo que hizo su inesperada aparición en estas páginas hace un momento? ¿No sería más útil observar la estructura de las corporaciones multinacionales desde una perspectiva que apunte a determinar el modo de influencia y producción de una cultura corporativa propiamente dicha? Se produce una confusión cuando la experiencia individual de dominación –los actos de racismo o machismo, autoritarismo, sadismo, brutalidad personal consciente o inconsciente– se transfiere a los fenómenos sociales, los cuales son mucho más complejos: Konrad y Szelenyi señalaron hace un tiempo que el reino de la experiencia de la producción cultural capitalista es un enclave retrógrado, relativamente subdesarrollado o tradicional, dentro del capitalismo tardío.[13] Se vuelve hacia el momento empresarial de la sociedad corporativa desaparecida hace tiempo y actualmente presente sólo como nostalgia (la retórica *yuppie* del mercado es, por lo tanto, un síntoma cultural que exige un análisis textual por derecho propio). No resulta sorprendente entonces que, en ocasiones, se traslade una especie de visión feudal de la dominación personal y la subordinación al universo corporativo, el cual carece de rostro. Pero en ese caso se trata de un texto que debe ser analizado, más que de un código interpretativo aún útil para descifrar otros textos sociales contemporáneos (aunque las formas de brutalidad simbólica o personal probablemente tiendan a reflejar la ausencia de poder en el sentido social, más que su actuación).

Sin embargo, mediante este anacronismo, toda una ideología y una teoría política liberal se vierten en los Estudios Culturales (y otras disciplinas). En realidad, la retórica del "poder" carga con un fardo mucho más pesado, por ejemplo, el repudio al análisis económico, cierta postura anarquista sobre la cosa misma, el matrimonio impuro entre el heroísmo de la disidencia y el "realismo" de "hablar con las instituciones". La problemática del poder, como fue reintroducido sistemática-

---

13. Gyorgy Konrad e Ivan Szelenyi, *Intellectuals on the Road to Class Power*, Nueva York, Harcourt Brace Jovanovich, 1979.

Fredric Jameson

mente por Weber y mucho más tarde por Foucault, constituye un gesto antimarxista, cuyo propósito era reemplazar el análisis en términos de modo de producción. Ello abre nuevos campos y genera un nuevo material que resulta fascinante y rico; pero los que lo usan deberían estar conscientes de sus consecuencias ideológicas secundarias, y los intelectuales deberían ante todo ser cautelosos por las intoxicaciones narcisísticas que puede producir el invocar esta problemática a la manera de un acto reflejo.

El imperativo geopolítico

Éste es el momento de decir no sólo lo que debería hacerse en el vacío que dejan las dos expresiones de moda ("cuerpo" y "poder") y los "cabos sueltos" ideológicos que surgen de la crítica al populismo; es también el momento de señalar cómo, de hecho, muchos de los artículos de esta colección ya están dirigidos en esa dirección.

Ésta es la dimensión fundamentalmente espacial de los Estudios Culturales (ya señalada por Jody Berland), que puede percibirse en un principio como un malestar frente a la mentalidad provinciana y el excepcionalismo americanos, mencionados con mucho tacto por algunos de los autores extranjeros. Así, Stuart Hall aseguró haberse "quedado sin habla": "La gran explosión de estudios culturales en los Estados Unidos, su rápida profesionalización e institucionalización no son hechos que podamos lamentar quienes hemos intentado instalar un centro alternativo en una universidad como Birmingham. Y sin embargo, debo decir que, en el sentido más fuerte, me recuerda que en Gran Bretaña siempre tenemos plena conciencia de que la institucionalización es

un momento de profundo peligro" (285). Hemos visto
que algunos de los australianos reflexionan sobre el sentido y el significado diferentes que revisten las instituciones culturales en los Estados Unidos (las cuales, en
contraposición con las suyas, son en su mayoría privadas), sin trazar necesariamente consecuencias que las
diferencien (pero véase también Graeme Turner a propósito de las diferencias entre canadienses y australianos [644-645]). Plantearlo de este modo introduce el tema de la nación como tal (la cual constituye aquí, de
hecho, una preocupación significativa), aunque puede
resultar equívoco y demasiado restringido.

Es más bien una limitación global específica lo que
Meaghan Morris tiene en mente, como lo señala en un
pasaje espléndido e iluminador:

Este intercambio me hace comprender que no he sido
suficientemente explícita acerca de la razón por la que
debería preocuparme a un nivel muy simple el "eurocentrismo" en una conferencia como ésta. Es un desasosie-
go lo que tengo, más que una posición que pueda expo-
ner, y tal vez surgió en mi discurso más que en el texto
de mi artículo. Estoy inquieta por el mapa de los estudios
culturales que se está construyendo en esta conferencia,
por lo que no está *en* el mapa, más que por lo que efectivamente está. Hemos hablado de relaciones locales y
globales en un mundo en el que Japón, Corea del Sur,
Hong Kong, Taiwan, Singapur o Indonesia sencillamen-
te no existen, no como *fuerzas* en las nuevas estructuras
del poder mundial. La única vez que escuché mencionar
a los países de la costa del Pacífico, resultó ser un modo
de hablar de las relaciones entre Norte, Centro y Sudamé-
rica, es decir, otra forma de permanecer en tierra americana, no de cruzar el océano. No estoy rogando por la inclusión, es sólo que ciertas estructuras globalizadoras

tienen el potencial –"ojalá" sólo fuera en el plano económico– de afectar en todas partes la vida de la gente en el futuro; pero ahora estas estructuras no se "alinean" a la manera de la antigua división *binaria* (Gran Bretaña/Estados Unidos, o Estados Unidos/Unión de Repúblicas Socialistas Soviéticas) como a veces eurocéntricamente suponen los críticos tradicionales del eurocentrismo. Ignorar esto es, en mi opinión, un error político. (476)

Hay mucho para decir acerca de este momento, en cierto sentido uno de los clímax de la conferencia. Se podría señalar que la palabra "eurocentrismo" ya no parece ser la adecuada para lo que, sin duda, es la mentalidad pueblerina americana. Aunque estuviera embuida de las perspectivas europeas canónicas (y del retorno de lo reprimido bajo la forma de una anglofilia apenas inconsciente, que siguió a la francofilia propia de la alta teoría anterior), ésta es ahora la visión del mundo de una OTAN americana, según la cual la vieja Europa no es mucho más significativa para nosotros de lo que lo es Birmingham para los nuevos Estudios Culturales. Europa y Gran Bretaña son seguramente cuestiones candentes para los australianos, e incluso para los canadienses, más de lo que lo son para los americanos. Tal vez la consecuencia y el trasfondo más profundos del reproche de Meaghan Morris sea que no estamos suficientemente preocupados por nuestro vínculo europeo y edípico, somos demasiado complacientes con éste. Pero, en el mismo sentido, la nueva cultura de los países de la cuenca del Pacífico que ella celebra aquí puede resultar una forma diferente de liberación para Australia que para el intento americano de compartirla con los japoneses. Y descarta a Latinoamérica, un descuido remediado por Donna Haraway, cuya descripción de una cultura del Pacífico similar resulta aquí instructiva:

Crecí en un pueblo de Colorado, donde creía que el Océano Atlántico empezaba en algún lugar en Kansas, y que cualquier cosa que pasara al este de la ciudad de Kansas se consideraba la Costa Este. Y sé que Cornel creció en California, pero creo que tal vez estuviste en el Este demasiado tiempo. La reformulación atlanticista de Paul acerca de la herencia africana, la cultura africana y los afroamericanos me permitió a su vez reformular muchos temas. Pero quiero hacer una declaración californiana. Se relaciona con el hecho de ver el mundo en relación con América latina, Centroamérica, México, con vivir en un territorio conquistado, de manera tal que pareciera que Quebec fuera parte de California más que parte del mundo del cual estás hablando. Es el sentido del Pacífico. Pienso en el discurso de Bernice Johnson Reagon sobre la política de coalición que tuvo lugar en un festival musical de mujeres en la Costa Oeste y que es un texto absolutamente canónico en el feminismo norteamericano, y pienso en las construcciones de la categoría "mujer de color", pero también en una política cultural feminista y una visión de una nueva política cultural a nivel mundial. No se capta nada de todo esto si se tiende a construir el mundo como blanco/negro, o Estados Unidos/Gran Bretaña, con un poco de Australia y Canadá adentro. Un mapa global así deja afuera estas cuestiones realmente fundamentales. (703)

Todo lo cual parece confirmar la visión que tiene Clifford de los Estudios Culturales como un modelo basado en el viaje y el turismo. Pero ello significaría pasar por alto tensiones más profundas y más interesantes, aquellas, por ejemplo, que surgieron en el filoso intercambio entre Morris y Paul Gilroy, cuya notable propuesta de reconocer y reconstruir una verdadera cultura negra atlántica parece presentar a primera vista algunas analogías con la perspectiva de la Costa del Pacífico.

Pero Gilroy tiene una agenda ligeramente distinta: "La especificidad de lo Atlántico negro puede definirse, a cierto nivel, mediante este deseo de trascender tanto la estructura del estado-nación como las restricciones que imponen la etnicidad y la particularidad nacional". (194-195; ya hemos visto que la intervención de Gilroy constituye un repudio explícito a la "política de identidad" o de separatismo cultural). Pero Gilroy puede (y debe) resistir esa tendencia divisoria a celebrar el excepcionalismo cultural americano o británico (aun cuando se presente en términos del excepcionalismo de la cultura británico-negra o afroamericana): está allí el gran archipiélago flotante del Caribe para autorizar dicha resistencia. Sin embargo, tal vez los australianos y los canadienses no puedan echar por la borda tan fácilmente el problema determinante y la categoría de nación. Según Jody Berland, "la razón por la que rechacé la noción de identidad en términos de una tradición histórica de lucha alrededor de las comunicaciones era que en Canadá es imposible y compulsivo hablar del problema de la identidad. Se trata de un dilema: uno debe hablar de este tema constantemente porque es un problema, pero no puedes hablar de ello porque apenas empiezas, estás en peligro de imponer una definición particular sobre algo que no es totalmente particular". (52)

La incomodidad parece provenir en parte de las palabras "nación" y "nacional", las cuales evidentemente todavía conllevan la carga del antiguo concepto del estado-nación autónomo, despertando así el temor de estar todavía hablando –desde una perspectiva separatista o cultural-nacionalista– de la cultura nacional, de las alegorías nacionales, del *topoi* nacional (como Morris lo denomina en un interesante esbozo sobre la versión australiana de dichos *topoi*). Para esa alergia estructural a

la "ausencia de mezcla" que tienen los Estudios Culturales –a la que ya aludí anteriormente– ello resulta induda-
blemente decisivo, y desempeña un papel más importante en la reacción de Gilroy que en las observaciones de
Morris. Pero debería agregarse que la autonomía es la
gran cuestión política de la era posmoderna: en la era
multinacional el comunismo se hundió en la imposibilidad de la autarquía (e incluso del socialismo en varios
países). Deberíamos entonces ver el nacionalismo no
como el vicio y el síntoma tóxico de la era inmediatamente posterior a la Segunda Guerra Mundial, sino más
bien como una suerte de nostalgia por una autonomía
social que ya es inaccesible para todos. La palabra "nación" debería usarse como un término dentro de un sistema, un término que debe implicar relacionalidad
(además de la relacionalidad de tipo binario). En realidad, lo que se puede percibir en debates[14] como éstos,
tan poco fáciles, es la necesidad de un nuevo discurso
relacional a propósito de los temas globales y espaciales.
La nueva necesidad no es una cuestión de articulación
(como ocurría con las múltiples posiciones del sujeto y
con los problemas estructurales internos de la identidad
cultural) sino que se trata de la superposición de dimen-
siones inconmensurables: Morris nos pide, con razón,
que "pensemos en los Estudios Culturales como una
disciplina capaz de reflexionar sobre las relaciones en
los marcos locales, regionales, nacionales e internacionales de acción y experiencia" (470). Pero la palabra

14. El trabajo de Simon Frith sobre la cultura musical sugiere
que esto también rige para la producción cultural como tal; por
ejemplo, "la tensión en este mundo es menor entre los *amateurs* y los
profesionales [...] que entre los grupos de referencia locales y nacionales". (176)

"representación" podría sustituirse por la noción del mero "pensamiento" de las relaciones. Es curioso, entonces, que Morris rechace tan vehementemente el modelo ofrecido por David Harvey en su espléndida obra *Condition of Postmodernity* [La condición de la posmodernidad]: desde luego, no es necesariamente la última palabra sobre nada, pero es una forma de trazar un mapa del nuevo sistema global (en realidad, Morris dice que sus modelos alternativos "usan argumentos económicos similares a los de Harvey" [474]), ¿pero acaso el marxismo no es demasiado? ¿Y no es también eurocéntrico? (En realidad, en un pasaje notable [455] Morris parece atribuir a Terry Eagleton el grito de batalla de tipo feudal de "¡Por Inglaterra y el marxismo!", algo que no tienen por qué oír los camaradas irlandeses.) Aun así, la suya es una de las discusiones más ricas y más estimulantes tanto en lo que se refiere a la autorrepresentación cultural nacional como a la dimensión internacional que falta todavía en los Estudios Culturales: resulta vergonzoso que ninguno de los americanos reflexione sobre algunas de estas cuestiones (Clifford, sin duda, se hace cargo de éstas en una forma más reflexiva/contemplativa).

Conclusiones y utopía

Es hora de resumir las lecciones de este libro (las lecciones que he aprendido de este libro). Será mejor hacerlo bajo la forma de tareas futuras, de una agenda, aunque no necesariamente una agenda para los Estudios Culturales en el sentido institucionalizado más estrecho o en el sentido de esa disciplina a la que aspiramos, que hemos visto surgir en esta colección. Dicha agenda incluiría los conceptos de grupos, articulación y espacio;

también abriría una nueva entrada (hasta ahora mayormente en blanco) para mercantilización y consumo. El fenómeno de la lucha de grupos –por ejemplo en Bell Hooks y en Mercer– nos recuerda que cuando los textos culturales (no menos que la clase) son descodificados correctamente, es factible que constituyan diversos mensajes en este proceso simbólico y que se postulen como movimientos tácticos o estratégicos en lo que es un enorme *agón*. Resulta claro, entonces, que también debe aplicarse aquí la hermenéutica adecuada a a la clase social. Se trata de una situación en la que los objetos culturales estables, los trabajos, los textos, deben reescribirse, como movimientos dialógicamente antagonistas, en la lucha entre los grupos (que incluyen, como uno de sus objetivos específicos, el logro de la conciencia de grupo), movimientos que tienden a expresarse afectivamente bajo la forma del odio y la envidia.

Esta metodología no parece ser ya tan útil cuando se interioriza el fenómeno de la relación grupal –como ocurre con varios de los trabajos aquí presentados– y se transforma en una cuestión de sentimientos mezclados, de posiciones subjetivas múltiples, de esquizofrenia productiva o de co-conciencia desgraciada, entendiéndose que todos estos rasgos pueden caracterizar también a la condición colectiva de un grupo. Aquí, entonces, parece imponerse nuevamente el modelo de la articulación, y pasamos de lo dialéctico (en el caso de la lucha inter-grupos) a lo estructural, que en este ámbito particular consiste en la interrelación de los grupos, los fenómenos intragrupales o la construcción de unidades grupales molares más grandes. La poética de este momento también parece relativamente distinta de la del primero, en el cual un texto podía ser traducido a un valor simbólico y estratégico al tiempo que mantenía su valor u organización superficial. Aquí "traducción" se entiende como transcodificación o sinonimia dentro de un término dado, ya que es la posibilidad de un determinado término de tener distintos significados simultáneamente, lo que permite que el texto sea compartido por códigos distintos (y por los grupos que dan forma a dichas lenguas). Aquí la transferencia de un átomo o un sema fundamental posibilita la conexión del grupo, ya que une los códigos momentáneamente por medio de su propia polisemia.

Pero estas dos zonas de sentido y de análisis todavía están dentro de los "Estudios Culturales", entendidos ahora como un gran Frente Popular o como un carnaval populista. La tercera dimensión surge sólo cuando llegamos al límite y miramos al verdadero Otro, al burócrata o a la figura corporativa que aparece en el capitalismo tardío y en sus actuales instituciones globales. Debido a que este Otro ya no puede ser asimilado en las estructuras descriptas previamente, las relaciones con él deben modelarse según una forma externa o espacial, y precisa un análisis de tipo geográfico para el cual no tenemos todavía el lenguaje adecuado (la consecuencia que yo extraigo de que no será ni dialéctico ni estructural no es más que una impresión y un posible punto de partida). Éste es el momento, entonces, en que decididamente resurge nuestro rol social y nuestro *status* como intelectuales, dado que se trata de un rol mediado por la geopolítica, y su valor es otorgado por el sistema mundial mismo y por nuestro posicionamiento dentro de él. Este rol exige que nuestras lecturas y análisis individuales den cuenta de la nueva necesidad de reflexión geográfica o de autoconciencia geopolítica, y exige también la validación de cierta descripción/interpretación de la situación "nacional" desde cuyo ángulo se ha hecho el análisis; entendiéndose que el término "nacional" es ahora meramente relacional y describe las diversas partes que componen el sistema mundial. Éste puede verse como la superposición de distintos tipos de espacio (local, regional y también nacional; el bloque geográfico y el sistema mundial). En ese caso, los Estudios Culturales norteamericanos tendrían que imprimirles su sello a sus propias contribuciones de manera autoconciente.

Pero quien dice Estados Unidos dice capitalismo global, y el avance hacia una cultura de este tipo, sumado a la dinámica de ese Otro que resulta más verdadero que cualquiera de los microgrupos que desfilan aquí, exige un retorno al análisis de las mercancías que está faltando en estas páginas, con excepción del provocativo trabajo de Jody Berland sobre la ideología del "entretenimiento". Tal vez, desde una perspectiva populista, se pueda pensar que tratar estos productos culturales como mercancías que están a punto de desaparecer en el proceso puramente formal del consumo resulta de alguna manera denigrarlos y disminuir su dignidad, pasar por alto sus funciones sociales y grupales (señaladas anteriormente). Pero ése no es necesariamente el caso de un análisis verdaderamente complejo; aunque es cierto que, en lo que respecta al consumo (una cultura y una forma colectiva de adicción), el acto de consumo es vacío, es indiferente a los contenidos específicos de un objeto determinado y, por lo tanto, es en cierto modo poco propicio para un análisis que pretenda ser minucioso. Pero el conflicto, la alienación, la reunificación, lo que se solía llamar lo inauténtico, deben ser reconocidos: nada verdaderamente interesante es posible sin negatividad; el error o la ideología; las falsas apariencias también son hechos objetivos que deben calcularse dentro de la verdad; la estandarización del consumo es como una barrera de sonido que se enfrenta a la euforia del populismo como una realidad de la vida y una ley física en los niveles más altos del espectro.

Más allá está la utopía, también en juego, veladamente, en estas páginas, allí donde se hallan las más oscuras formas de diversión y celebración grupal o narcisística. Pero también ésta debe ser nombrada; si no se la nombra su media vida cae a una velocidad increíble por el contacto con la luz turbia y el aire contaminado de la realidad actual. Donna Haraway menciona la utopía en un ensayo de una complejidad y un nivel a los que no puedo hacer justicia ahora, menos aun en estas últimas páginas: basta con decir que con un lento movimiento de rotación va designando una serie de espacios alternativos o radicalmente Otros, diferentes del nuestro: la selva húmeda en contraposición a nuestro espacio social; el espacio extraterrestre, a nuestro mundo físico; el microcosmos médico, a nuestros cuerpos aún convencionales; y los macrocosmos de ciencia ficción a nuestras mentalidades aún convencionales. Dejemos que estas utopías se muevan como un cielo estrellado sobre esta colección, así como sobre los Estudios Culturales en general.

Multiculturalismo o la lógica cultural del capitalismo multinacional

Slavoj Žižek

Quienes todavía recuerdan los buenos viejos tiempos del Realismo Socialista son concientes del papel clave que desempeñó la noción de lo "típico": la literatura verdaderamente progresista debía representar héroes típicos en situaciones típicas. A aquellos escritores que retrataban en forma sombría la realidad soviética no se los acusaba simplemente de mentir; la acusación más bien consistía en que ofrecían un reflejo distorsionado de la realidad social al describir los restos del pasado decadente, en vez de centrarse en los fenómenos "típicos", es decir, en aquellos que expresaban la tendencia histórica subyacente del progreso hacia el comunismo. Aunque esta noción pueda sonar ridícula, su pizca de verdad reside en el hecho de que toda noción ideológica universal siempre está hegemonizada por algún contenido particular que tiñe esa universalidad y explica su eficacia.

¿Por qué la madre soltera es "típica"?

Si se considera el rechazo que manifiesta la Nueva Derecha hacia el Estado de Bienestar en los Estados Unidos, por ejemplo, la ineficacia con la que se asocia la noción universal de Estado de Bienestar se apoya en la representación seudoconcreta de la madre soltera afroamericana, de mala fama, como si, en última instancia, el bienestar social fuera un programa para madres solteras negras. Es decir, el caso particular de la madre soltera negra es concebido veladamente como aquel caso típico del Estado de Bienestar y de todo lo que funciona mal en él. En el caso de la campaña contra el aborto, el caso "típico" es exactamente el contrario: se trata ahora de una mujer profesional, sexualmente promiscua, que valora su carrera por encima de su misión "natural", aunque esta caracterización entre en franca contradicción con el hecho de que la gran mayoría de abortos ocurren en familias de clase media baja con muchos hijos. Este giro específico –un contenido particular es divulgado como "típico" de la noción universal– constituye el elemento de fantasía, el soporte o fondo fantasmático de la noción ideológica universal. Para decirlo en términos kantianos, desempeña el papel del "esquematismo trascendental" al convertir el concepto universal vacío en una noción que se relaciona o se aplica directamente a nuestra "experiencia real". Esta particularidad fantasmática no es, de ninguna manera, una ilustración o ejemplificación insignificante: es en este nivel que las batallas ideológicas se ganan o se pierden. La perspectiva cambia radicalmente en cuanto percibimos como "típico" el caso de un aborto en una familia numerosa de clase media baja que no puede hacerse cargo de otro niño.[1]

Este ejemplo muestra claramente en qué sentido lo universal es el resultado de una escisión constitutiva, en la cual la negación de una identidad particular transforma a esta identidad en el símbolo de la identidad y la completud como tales:[2] el Universal adquiere existencia concreta cuando algún contenido particular comienza a funcionar como su sustituto. Hace un par de años, la prensa amarilla inglesa trató con insistencia el tema de las madres solteras, presentándolas como la fuente de todos los males de la sociedad moderna, desde las crisis de presupuesto hasta la delincuencia juvenil. En este espacio ideológico, la universalidad del "Mal social moderno" cobró forma sólo a través de la escisión de la figura de la "madre soltera": por un lado, la figura en tanto particularidad, por el otro, en tanto sustituto del Mal social moderno. El hecho de que el vínculo entre el Universal y el contenido particular que funciona como su sustituto sea *contingente* significa precisamente que es el resultado de una batalla *política* por la hegemonía ideológica. Sin embargo, la dialéctica de esta lucha es más compleja que lo que indica la versión marxista estándar, según la cual los intereses particulares asumen la forma de la universalidad ("los derechos humanos universales son de hecho los derechos del hombre blanco propietario..."). Para funcionar, la ideología dominante tiene que incorporar una serie de rasgos en los cuales la

---

1. "Sutura" es, desde luego, otro nombre para este cortocircuito entre lo Universal y lo Particular: la operación de hegemonía "sutura" el Universal vacío a un contenido particular.

2. Ernesto Laclau: *Emancipation(s)*, Londres, Verso, 1996, págs. 14-15.

mayoría explotada pueda reconocer sus auténticos anhe-
los. En otras palabras, cada universalidad hegemónica
tiene que incorporar *por lo menos dos* contenidos particulares: el contenido popular auténtico y la distorsión crea-
da por las relaciones de dominación y explotación. Desde luego, la ideología fascista "manipula" el anhelo
auténtico por parte del pueblo de una verdadera solidaridad comunitaria y social, en contra de la competencia
descarnada y la explotación; desde luego dicha ideología
"distorsiona" la expresión de este deseo con el objeto de
legitimar la continuación de las relaciones de explotación
y dominación social. Sin embargo, para poder llegar a la
distorsión de ese auténtico deseo, tiene primero que in-
corporarlo... Etienne Balibar estaba ampliamente justificado cuando invirtió la clásica fórmula marxista: las
ideas dominantes no son precisamente las ideas de
aquellos que dominan.[3] ¿Cómo se convirtió el cristia-
nismo en la ideología dominante? Incorporando una serie de motivos y aspiraciones fundamentales de los oprimidos –la verdad está del lado de los que sufren y son
humillados, el poder corrompe, etcétera– y rearticulán-
dolos de tal forma que se volvieran compatibles con las
relaciones existentes de dominación.

El deseo y su articulación

Uno se ve tentado aquí a referirse a la distinción
freudiana entre el pensamiento latente del sueño y el
deseo inconciente expresado en el sueño. No se trata de
lo mismo: el deseo inconciente se articula, se inscribe
por medio de la "perlaboración", es decir, se trata de la

---

3. Véase Etienne Balibar: *La crainte des masses*, París, 1997.

traducción del pensamiento latente del sueño al texto explícito de un sueño. Análogamente, no hay nada "fascista" (o "reaccionario", o que merezca una calificación por el estilo) en el pensamiento latente del sueño de la ideología fascista (es decir, el anhelo de una auténtica solidaridad comunitaria y social); lo que da cuenta del carácter propiamente fascista de esta ideología es la forma en que el "trabajo ideológico del sueño" elabora y transforma dicho "pensamiento latente", convirtiéndolo en el texto ideológico explícito que continúa legitimando las relaciones sociales de explotación y dominación. ¿Acaso no es lo mismo que ocurre hoy con el populismo de derecha? ¿Los críticos liberales no son demasiado ligeros al desestimar los valores a los que apela el populismo, tildándolos de inherentemente "fundamentalistas" o "protofascistas"?

Por lo tanto, la no-ideología –lo que Fredric Jameson llama el momento utópico, presente aun en la ideología más atroz– resulta absolutamente indispensable: en cierto sentido la ideología *no es sino el modo de aparición, la distorsión o el desplazamiento formal, de la no-ideología.* Para tomar el peor caso imaginable, ¿acaso el antisemitismo nazi no se basaba en el deseo utópico de una vida comunitaria auténtica, en el rechazo plenamente justificado de la irracionalidad propia de la explotación capitalista? Nuestra opinión, nuevamente, es que resulta teórica y políticamente incorrecto denunciar este anhelo como una "fantasía totalitaria", esto es, buscar en él las "raíces" del fascismo. Se trata de un error habitual que comete la crítica liberal-individualista del fascismo: en realidad, lo que lo hace "ideológico" es su articulación, es decir, la forma en que se hace funcionar este deseo como legitimador de una determinada concepción acerca de lo que es la explotación capitalista (el resultado de la influencia judía o del predominio del capital financiero por sobre el "productivo", el cual aparecería como el único que establece una "relación" armoniosa con los trabajadores) y del modo en que podemos vencer dicha explotación (a través de la eliminación de los judíos).

La lucha por la hegemonía ideológica y política siempre es, por lo tanto, la lucha por la apropiación de términos que se sienten "espontáneamente" como apolíticos, como si trascendieran las fronteras políticas. No resulta sorprendente que el nombre del movimiento disidente más importante de los países comunistas del este de Europa haya sido "Solidaridad", un significante que remite a la completud imposible de la sociedad, si es que alguna vez existió tal cosa. Es como si en Polonia, en los '80, se hubiese llevado a un extremo lo que Laclau denomina la lógica de la equivalencia: "los comunistas en el poder" representaban la encarnación de la no-sociedad, de la decadencia y la corrupción. Todos mágicamente se unieron contra ellos, incluso los "comunistas honestos" desilusionados. Los nacionalistas conservadores acusaban a los comunistas de traicionar los intereses polacos a favor del amo soviético; los individuos que hacían negocios veían en ellos un obstáculo para la actividad capitalista desenfrenada; para la Iglesia atólica los comunistas eran ateístas amorales; para los campesinos representaban la fuerza de la violenta modernización que acababa con la vida rural; para los artistas y los intelectuales, el comunismo era sinónimo de censura opresiva y estúpida; los trabajadores se veían no sólo explotados por la burocracia del Partido, sino además humillados por el argumento de que esto se hacía en representación de ellos; por último, los izquierdistas desilusionados percibían el régimen como una traición al "verdadero socialismo". La imposible alianza *política* entre todas estas posiciones divergentes y potencialmente antagónicas sólo fue posible bajo la bandera de un significante que se sitúa –y así lo hizo– en el borde que separa la política de la prepolítica. "Solidaridad" fue la opción perfecta: funciona políticamente ya que designa la unidad "simple" y "fundamental" de los seres humanos que debería reunirlos más allá de las diferencias políticas.[4]

Los instintos básicos conservadores

¿Qué nos dice todo esto de la reciente victoria electoral de los laboristas en Gran Bretaña? No sólo que, en una operación hegemónica modelo, se reapropiaron de nociones apolíticas como "decencia", sino que apuntaron con éxito a la obscenidad propia de la ideología tory. En las declaraciones explícitas de corte ideológico por parte de los tories, siempre subyacía un doble dis-

4. Ahora que este mágico momento de solidaridad universal ha pasado, el significante que está emergiendo en algunos países postsocialistas como el de la completud ausente de la sociedad, es el de honestidad: éste apunta a la ideología espontánea de la "gente común" que está atrapada en la turbulencia económica y social, cuyas esperanzas en una nueva completud en la sociedad que debía seguir al colapso del socialismo se vieron cruelmente traicionadas. A sus ojos, las "viejas fuerzas" (ex comunistas) y los ex disidentes que estuvieron en el poder se unieron para explotarlos aun más que antes, ba-

curso, un mensaje entrelíneas obsceno, no reconocido públicamente. Cuando, por ejemplo, lanzaron su infausta campaña de "retorno a las fuentes" [*Back to Basics*], la obscenidad fue expuesta claramente por Norman Tebbitt, "jamás tímido para mostrar los trapos sucios del inconsciente conservador".[5]

"Muchos votantes tradicionalmente laboristas han comprendido que comparten nuestros valores: que el hombre no es sólo un animal social sino también territorial; debe ser parte de nuestra agenda satisfacer esos instintos básicos de tribalismo y territorialidad.[6]

Aquí se ve, finalmente, de qué se trataba el "retorno a las fuentes": de la reafirmación de "bajos instintos" egoístas, tribales, bárbaros, que acechan tras el rostro de la sociedad burguesa civilizada. Todos recordamos la (merecidamente) famosa escena de la película *Bajos instintos*, de Paul Verhoeven (1992), en la cual, en el curso de la investigación policial, Sharon Stone descruza las piernas por un instante y revela a los policías fascinados

jo las banderas de la libertad y la democracia. La lucha por la hegemonía, desde luego, se centra ahora en ese contenido particular que dará un giro a este significante: ¿qué significa "honestidad"? Y nuevamente, sería erróneo alegar que el conflicto está en última instancia en los diferentes significados de la palabra "honestidad": lo que se pierde de vista en esta aclaración semántica es que cada posición asegura que su honestidad es la única honestidad "verdadera": la lucha no es simplemente una lucha entre contenidos particulares diferentes. Se trata de una lucha que estalla desde dentro de lo universal en sí mismo.

5. Jacqueline Rosa: *States of Fantasy*, Oxford, 1996, pág. 149.
6. Ibídem.

una visión fugaz de su vello púbico. Una declaración como la de Tebbitt es, sin duda, un equivalente ideológico de ese gesto, que permite echar una rápida mirada hacia la intimidad obscena del edificio ideológico thatcheriano. (Lady Thatcher tenía demasiada "dignidad" para llevar a cabo con demasiada frecuencia este gesto a lo Sharon Stone, por eso el pobre Tebbitt tuvo que sustituirla). En este contexto, el énfasis laborista en la "decencia" no fue un caso de simple moralismo: más bien su mensaje era que ellos no están en el mismo juego obsceno, que sus declaraciones no contienen "entre líneas" el mismo mensaje obsceno.

En la actual constelación ideológica, este gesto resulta más importante de lo que puede parecer. Cuando la administración Clinton resolvió el estancamiento al que se había llegado –a propósito de los *gays* en la Armada norteamericana– mediante el acuerdo de "No pregunte, no diga" (por el cual no se les pregunta directamente a los soldados si son *gay*, de manera que no estén obligados a mentir y a negarlo; a pesar de no estar formalmente admitidos en la Armada, son tolerados en la medida en que su orientación sexual se mantenga privada y no intenten activamente involucrar a otros), dicha medida oportunista fue criticada, con justificación, por entrañar actitudes homofóbicas. Aunque no se prohíbe directamente la homosexualidad, el *status* social real de los homosexuales se ve afectado por la mera existencia de la homosexualidad, en tanto amenaza virtual que obliga a los *gays* a no revelar su identidad sexual. En otras palabras, lo que logró esta solución fue elevar explícitamente la hipocresía al rango de principio social, una actitud análoga a la que los países católicos tradicionales tienen respecto de la prostitución: si simulamos que los *gays* no existen en la Armada, es como si efectivamente no existieran (para el gran Otro). Los *gays* deben ser tolerados, bajo la condición de que acepten la censura básica de su identidad...

Aunque a su nivel plenamente justificada, la noción de censura que está en juego en esta crítica (con su resonancia foucaultiana del Poder, el cual –en el mismo acto de censura y otras formas de exclusión– genera el exceso que intenta contener y dominar) resulta insuficiente en un punto central: lo que pierde de vista es la forma en que la censura no sólo afecta el *status* de la fuerza marginal o subversiva que el discurso del poder intenta dominar, sino que –en un nivel aun más radical– quiebra desde adentro el discurso de poder. Uno debería aquí hacerse una pregunta ingenua, pero igualmente crucial: ¿por qué la Armada se resiste con tanta fuerza a aceptar públicamente *gays* en sus filas? Hay una única respuesta coherente posible: no es porque la homosexualidad sea una amenaza para la llamada economía "fálica y patriarcal" de la Armada, sino porque, por el contrario, la comunidad de la Armada *depende de la homosexualidad frustrada/negada en tanto componente clave del vínculo masculino entre los soldados.*

Según mi propia experiencia, recuerdo hasta qué punto la vieja e infame Armada Yugoslava era homofóbica –cuando se descubría que alguien tenía inclinaciones homosexuales, se lo convertía inmediatamente en un paria, antes de echarlo formalmente de la Armada– y, al mismo tiempo, la vida diaria en la Armada estaba cargada de insinuaciones homosexuales. Por ejemplo, cuando los soldados hacían la fila para recibir su comida, una broma vulgar habitual era meter un dedo en el trasero de la persona que estaba delante y luego sacarlo rápido, de manera tal que cuando la víctima sorprendida se daba vuelta, no sabía cuál de los soldados que sonreían estúpida y obscenamente lo había hecho. La forma más común de saludar a un colega soldado en mi unidad era –en vez de simplemente decir "¡Hola!"– "¡Chupámela!" (*"Pusi kurac"*, en serbo-croata); esta fórmula era tan común que había perdido completamente su connotación obscena y se decía en forma totalmente neutral, como un mero acto de cortesía.

Censura, poder y resistencia

Esta frágil coexistencia de una homofobia extrema y violenta y una economía libidinal homosexual, frustrada, subterránea, no reconocida públicamente, es la prueba de que el discurso de la comunidad militar sólo puede funcionar en tanto censure sus propios constituyentes libidinales. En un nivel ligeramente distinto, lo mismo ocurre con las golpizas y las humillaciones con las que los *marines* norteamericanos reciben al colega recién llegado: a modo de ceremonia le pinchan medallas directamente sobre la piel y otras cosas por el estilo. Cuando estas prácticas se hicieron públicas –alguien las grabó secretamente en vídeo– se generó un escándalo. Pero lo que causó indignación en el público no era la práctica en sí misma (todo el mundo sabía que ocurría algo así), sino el hecho de que se hiciera pública. ¿Acaso fuera de los límites de la vida militar no encontramos un mecanismo autocensor similar en el populismo conservador, con sus tendencias sexistas y racistas? En la campaña de elección de Jesse Helms no se admite públicamente el mensaje racista y sexista –en la esfera pública, incluso se lo desmiente categóricamente– pero éste se articula en una serie de indirectas y dobles mensajes. En las actuales condiciones ideológicas, esta clase de autocensura es necesaria si se pretende que el discurso de Helms siga siendo efectivo. En el caso de que se explicitara directamente, en forma pública, el sesgo racista, éste lo tornaría inaceptable para el discurso político hegemónico; por otra parte, si abandonara ese mensaje racista en código, autocensurado, peligraría el apoyo del electorado al que se dirige. El discurso populista conservador constituye, entonces, un buen ejemplo de un discurso de poder cuya eficacia depende del mecanismo de autocensura, es decir, descansa en un mecanismo que es efectivo en la medida en que se mantenga censurado. Se podría incluso decir que, contrariamente a la imagen, presente en la crítica cultural, de un discurso o una práctica radicalmente subversivos "censurados" por el Poder, hoy más que nunca el mecanismo de censura interviene fundamentalmente para aumentar la eficacia del discurso del poder mismo.

Aquí se debe evitar la tentación de caer en la antigua idea izquierdista de que "es mejor enfrentar un enemigo que admite públicamente sus tendencias (racistas, homofóbicas, etcétera) què la actitud hipócrita de quien denuncia públicamente aquello que avala en secreto". Esta idea lamentablemente subestima lo que significa política e ideológicamente mantener las apariencias: la apariencia nunca es "meramente la apariencia"; ésta afecta profundamente la posición sociosimbólica real de aquellos a los que concierne. Si las actitudes racistas se hicieran aceptables en el discurso político e ideológico dominante, se inclinaría radicalmente la balanza de la hegemonía ideológica toda. Esto es lo que probablemente Alain Badiou tenía en mente cuando, con ironía, consideró a su trabajo como una búsqueda del "buen terror": hoy, frente a la emergencia de un nuevo racismo y un nuevo sexismo, la estrategia pasa por *hacer impronunciables semejantes enunciados*, de manera que el que crea en ellos automáticamente esté descalificándose a sí mismo –como ocurre, en nuestro universo, con aquellos que aprueban el fascismo–. Uno puede ser conciente, por ejemplo, del modo en que el fascismo transforma las auténticas aspiraciones a una comunidad, pero decididamente *no* debe debatir "cuánta gente realmente murió en Auschwitz", o "los aspectos buenos de la esclavitud", o "la necesidad de recortar los derechos colectivos de los trabajadores", y cosas por el estilo. La posición en este punto debe ser desvergonzadamente "dogmática" y "terrorista": estas cuestiones no son objeto de una discusión abierta, racional y democrática.

Es posible oponer esta escisión constitutiva y la autocensura en el mecanismo de poder al motivo foucaultiano de la interconexión entre Poder y resistencia. El punto que queremos señalar no sólo es que la resistencia es inmanente al Poder, que poder y contrapoder se generan mutuamente; que el Poder mismo genera el exceso de resistencia que finalmente no podrá dominar; tampoco es que –en el caso de la sexualidad– la "represión" disciplinaria de la carga libidinal erotice el gesto mismo de la represión (como el neurótico obsesivo que obtiene satisfacción libidinal de los rituales compulsivos destinados a mantener a raya la *jouissance* [goce] traumática). Este último punto debe radicalizarse aun más: el edificio mismo del Poder se escinde desde dentro, es decir, para reproducirse a sí mismo y contener su Otro depende de un exceso inherente que lo constituye. Para decirlo en términos hegelianos de identidad especular, el Poder es siempre ya su propia transgresión; si efectivamente funciona, tiene que contar con un agregado obsceno: el gesto de autocensura es consustancial al ejercicio del poder. Por lo tanto no es suficiente decir que la "represión" de un contenido libidinal erotiza retroactivamente el mismo gesto de la "represión"; esta "erotización" del poder no es un efecto secundario del ejercicio sobre su objeto, sino que conforma sus propios cimientos, su "delito constitutivo", el gesto fundante que debe permanecer invisible si el poder pretende funcionar normalmente. Lo que hallamos, por ejemplo, en el tipo de instrucción militar que aparece en la primera parte de la película de Kubrick sobre Vietnam, *Full Metal Jacket*, no es una erotización secundaria del procedimiento disciplinario que crea sujetos militares, sino que es la obscenidad constitutiva de este procedimiento lo que lo torna eficaz.

La lógica del capital

Volviendo, entonces, a la victoria laborista, vemos que ésta no sólo implicó una reapropiación hegemónica de un conjunto de tópicos que habitualmente se inscribían dentro del conservadurismo –los valores de la familia, la ley y el orden, la responsabilidad individual–, sino que además la ofensiva ideológica del laborismo separó estos tópicos del subtexto fantasmático obsceno que los mantenía dentro del campo conservador, en el cual tener "mano dura con el delito" y "responsabilidad individual" equivale veladamente al egotismo brutal, al desprecio por las víctimas y a otros "bajos instintos". No obstante, el problema es que la estrategia del Nuevo Laborismo también contenía su propio "mensaje entre líneas": "Aceptamos totalmente la lógica del capital, con eso no nos vamos a meter".

Hoy, la crisis financiera constituye un estado de cosas permanente que legitima los pedidos de recorte del gasto social, de la asistencia médica, del apoyo a la investigación cultural y científica; en pocas palabras, se trata del desmantelamiento del Estado de Bienestar. ¿Pero acaso esta crisis permanente es un rasgo objetivo de nuestra vida socioeconómica? ¿No se trata más bien de uno de los efectos de la ruptura del equilibrio en la "lucha de clases" hacia el capital, que es el resultado del papel creciente de las nuevas tecnologías y de la internacionalización directa del capital, con la consecuente disminución del rol del Estado-Nación, que tenía más posibilidades de imponer ciertas condiciones mínimas y ciertos límites a la explotación? Dicho de otro modo: la crisis es un "hecho objetivo" siempre que uno acepte de antemano, como una premisa incuestionable, la lógica propia del capital, como lo han hecho cada vez más los partidos liberales o de izquierda. Asistimos al increíble espectáculo de partidos socialdemócratas que han llegado al poder con el siguiente mensaje entre líneas hacia el capital: "Nosotros haremos el trabajo que sea necesario para ustedes en una forma más eficaz e indolora que los conservadores". Desde luego, el problema es que resulta prácticamente imposible –en las actuales circunstancias sociopolíticas globales– cuestionar efectivamente la lógica del capital: incluso un intento socialdemócrata modesto para redistribuir la riqueza más allá del límite aceptable para el capital conduce "efectivamente" a crisis económica, inflación, caída de los ingresos, etc. De cualquier forma, uno siempre debe tener en cuenta que entre la "causa" (el gasto social creciente) y el "efecto" (la crisis económica) no hay una relación causal objetiva directa: ésta siempre se halla inserta en una situación de lucha y antagonismo social. El hecho de que si uno no obedece los límites impuestos por el capital "verdaderamente se desencadena" una crisis, no "prueba" en modo alguno que esos límites sean una necesidad objetiva de la vida económica. Más bien debería verse como una prueba de la posición privilegiada que tiene el capital en la *lucha* económica y política, como ocurre cuando un compañero más fuerte te amenaza con que si haces X, vas a ser castigado por Y, y luego, cuando estás haciendo X, efectivamente resulta Y.

La ironía es que, en los países ex comunistas del este europeo, los comunistas "reformados" fueron los primeros en aprender la lección. ¿Por qué muchos de ellos volvieron al poder vía elecciones libres? El retorno mismo nos ofrece la prueba definitiva de que estos estados han entrado efectivamente en el capitalismo. Es decir, ¿qué es lo que los ex comunistas representan hoy? Debido a sus vínculos privilegiados con los capitalistas que están surgiendo (la mayoría de los cuales son miembros de la antigua *nomenklatura*, que privatizó las compañías que alguna vez dirigieron), los ex comunistas constituyen, en primer lugar, el partido del gran capital. Más aún, para borrar los rastros de su breve pero traumática experiencia con la sociedad civil políticamente activa, abogan ferozmente por el abandono de la ideología, por el repliegue del compromiso activo en la sociedad civil, lo cual desemboca en el consumismo apolítico pasivo: ambos rasgos caracterizan al capitalismo contemporáneo. En consecuencia, los disidentes están estupefactos al comprobar que en el paso del socialismo al capitalismo han desempeñado el papel de "mediadores que desaparecen", y que la misma clase de antes gobierna bajo un nuevo disfraz. Resulta equivocado sostener, entonces, que el retorno de los ex comunistas al poder es un indicador de que la gente está desilusionada del capitalismo y añora la antigua seguridad socialista: en realidad, en una suerte de "negación de la negación" hegeliana, es sólo con el retorno al poder de los ex comunistas que se negó efectivamente el socialismo. En otras palabras, lo que los analistas políticos perciben (equivocadamente) como una "decepción frente al capitalismo es, en realidad, una desilusión frente a un entusiasmo ético-político, para el cual no hay lugar en el capitalismo "normal". [7]

En un nivel ligeramente diferente, la misma lógica está presente en el impacto social que tiene el ciberespacio. Dicho impacto no deriva directamente de la tecnología sino que depende de la red de relaciones sociales; es decir, la forma en que la digitalización afecta nuestra propia experiencia está mediada por el marco de

7. Uno comprende, retroactivamente, hasta qué punto el fenómeno denominado "disidencia" estaba imbuido de un marco ideológico socialista, hasta qué punto la "disidencia", con su utópico "moralismo" (el predicamento de la solidaridad social, la responsabilidad ética y otros valores por el estilo), proveía el núcleo ético negado del socialismo: tal vez, algún día, los historiadores notarán –en el mismo sentido que Hegel sostenía que el resultado espiritual verdadero de

la economía de mercado globalizada del capitalismo tardío. Con frecuencia Bill Gates ha celebrado el ciberespacio, considerando que éste abre la posibilidad de lo que él llama un "capitalismo libre de fricción". Esta expresión muestra perfectamente la fantasía social que subyace en la ideología del capitalismo del ciberespacio: un medio de intercambio completamente transparente, etéreo, en el que desaparecen hasta los últimos rastros de la inercia material. La cuestión fundamental es que la "fricción" de la que nos libramos en esa fantasía de un "capitalismo libre de fricción" no se refiere solamente a la realidad de los obstáculos materiales que sostienen cualquier proceso de intercambio, sino, sobre todo, a lo Real de los antagonismos sociales traumáticos, a las relaciones de poder y a todo aquello que marque con un sesgo patológico el espacio del intercambio social. En sus manuscritos *Grundrisse*, Marx señaló que la disposición material de un emplazamiento industrial del siglo XIX materializa directamente la relación de dominación capitalista –el trabajador aparece como un mero apéndice subordinado a la máquina que posee el capitalista–; *mutatis mutandis*, lo mismo ocurre con el ciberespacio. En las condiciones sociales del capitalismo tardío, la materialidad misma del ciberespacio genera automáticamente la ilusión de un espacio abstracto, con un intercambio "libre de fricción" en el cual se borra la particularidad de la posición social de los participantes.

La "ideología espontánea del ciberespacio" que predomina se llama "ciber-revolucionarismo" y consi-

---

la guerra del Peloponeso, su Fin espiritual, es el libro de Tucídides que trata sobre ella– que la disidencia fue el verdadero resultado espiritual del Socialismo Realmente Existente.

dera al ciberespacio (o la World Wide Web) como un organismo que autoevoluciona naturalmente.[8] Aquí resulta fundamental el desdibujamiento de la distinción entre "cultura" y "naturaleza": la contracara de la "naturalización de la cultura" (el mercado, la sociedad, considerados como organismos vivos) es la "culturalización de la naturaleza" (la vida misma es concebida como un conjunto de datos que se autorreproducen: *"genes are memes"*).[9] Esta nueva concepción de la Vida es, entonces, neutral en lo que respecta a la distinción entre procesos naturales, culturales o "artificiales". Así, la Tierra (como *Gaia*) y el mercado global aparecen como gigantescos sistemas vivientes autorregulados cuya estructura básica se define en términos de procesos de codificación y decodificación, de transmisión de la información. La concepción de la Web como un organismo vivo a menudo aparece en contextos que pueden parecer liberadores, por ejemplo, contra la censura estatal en Internet. Sin embargo, esta demonización del estado es totalmente ambigua, en la medida en que en general forma parte del discurso de la derecha populista y/o el liberalismo de mercado, cuyo objetivo principal apunta a aquellas intervenciones estatales que tratan de mantener la seguridad y un mínimo equilibrio social. Aquí resulta ilustrativo el título del libro de Michael Rothschild: *Bionomics: The Inevitability of Capitalism.*[10] Así, mientras los ideólogos del ciberespacio pueden soñar con el próximo paso evolutivo –en el que ya no interac-

8. Véase Tiziana Terranova: "Digital Darwin", *New Formations*, nº 29, verano de 1996.
9. Véase Richard Dawkins: *The Selfish Gene*, Oxford, 1989.
10. Michael L. Rothschild: *Bionomics: The Inevitability of Capitalism*, Nueva York, Armonk, 1992.

tuaremos mecánicamente en tanto individuos "cartesianos", en el que cada "persona" cortará el vínculo sustancial con su propio cuerpo y se concebirá como parte de la nueva Mente holística que vive y actúa a través de cada uno–, esta "naturalización" de la World Wide Web o del mercado oculta el conjunto de relaciones de poder (de decisiones políticas, de condiciones institucionales) que necesitan los "organismos" como Internet (o el mercado, o el capitalismo, etcétera) para prosperar.

La ideología subterránea

Lo que uno debería hacer, por lo tanto, es reafirmar la antigua crítica marxista respecto de la "reificación": en contraposición a las pasiones ideológicas, a las que se considera "pasadas de moda", hoy la forma ideológica predominante consiste en poner el acento en la lógica económica "objetiva", despolitizada, puesto que la ideología es siempre autorreferencial, es decir, se define a través de una distancia respecto de un Otro, al que se lo descarta y denuncia como "ideológico".[11] Jacques Rancière se refirió cáusticamente a la "mala sorpresa" que espera a los ideólogos posmodernistas del "fin de la política": es como si estuviéramos asistiendo a la confirmación última de la tesis de Freud, en *El malestar en la cultura*, respecto de cómo, ante cada afirmación de Eros, Tánatos se reafirma con una venganza. Ahora que dejamos atrás –de acuerdo con la ideología oficial– las pasiones políticas "inmaduras" (el régimen de lo político,

11. Véase Slavoj Žižek: "Introducción", en *Mapping Ideology*, Londres, Verso, 1995.

es decir, la lucha de clases y otros antagonismos pasados de moda) para dar paso a un universo postideológico pragmático maduro, de administración racional y consensos negociados, a un universo libre de impulsos utópicos en el que la administración desapasionada de los asuntos sociales va de la mano de un hedonismo estetizante (el pluralismo de las "formas de vida"), en ese preciso momento lo político forcluido está celebrando su retorno triunfal en la forma más arcaica: bajo la forma del odio racista, puro, incólume hacia el Otro, lo cual hace que la actitud tolerante racional sea absolutamente impotente.[12] En este sentido preciso, el racismo posmoderno contemporáneo es el *síntoma* del capitalismo tardío multiculturalista, y echa luz sobre la contradicción propia del proyecto ideológico liberal-democrático. La "tolerancia" liberal excusa al Otro folclórico, privado de su sustancia (como la multiplicidad de "comidas étnicas" en una megalópolis contemporánea), pero denuncia a cualquier Otro "real" por su "fundamentalismo", dado que el núcleo de la Otredad está en la regulación de su goce: el "Otro real" es por definición "patriarcal", "violento", jamás es el Otro de la sabiduría etérea y las costumbres encantadoras. Uno se ve tentado aquí a reactualizar la vieja noción marcuseana de "tolerancia represiva", considerándola ahora como la tolerancia del Otro en su forma aséptica, benigna, lo que forcluye la dimensión de lo Real del goce del Otro.[13]

La misma referencia al goce nos permite echar una

12. Véase Jacques Rancière: *On the Shores of Politics*, Londres, Verso, 1995, pág. 22.

13. Para un desarrollo más detallado del papel que desempeña la *jouissance* en el proceso de la identificación ideológica, véase Slavoj Žižek: *The Plague of Fantasies*, Londres, Verso, 1997, cap. 2.

Slavoj Žižek

nueva luz sobre los horrores de la guerra de Bosnia, tal
como se refleja en el filme *Underground*, de Emir Kusturica (1995). El significado político de este filme no radica principalmente en su tendenciosidad abierta, en la
forma como toma partido en el conflicto posyugoslavo
–los heroicos serbios contra los croatas y eslovenios
traidores pro nazis – sino más bien en la actitud estética "despolitizada". Es decir, en sus conversaciones con
los periodistas de *Cahiers du cinéma*, Kusturica insistía
en que *Underground* no es exactamente un filme político, sino una suerte de experiencia subjetiva a la manera
de un trance liminal, un "suicidio postergado". El direc-
tor puso, sin ser conciente de ello, sus verdaderas cartas
políticas sobre la mesa al señalar que *Underground* expo-
ne el trasfondo fantasmático "apolítico" que está en la
base de las crueldades de la guerra posyugoslava y de su
limpieza étnica. ¿Cómo? El cliché más común a propósito de los Balcanes es que su gente está atrapada en la
vorágine fantasmática del mito histórico; Kusturica
mismo apoya esta visión: "En esta región, la guerra es
un fenómeno natural. Es como una catástrofe natural,
como si fuese un terremoto que explotara de tanto en
tanto. En mi película, traté de mostrar el estado de cosas en esta caótica parte del mundo. Pareciera que nadie
puede rastrear las raíces de este conflicto terrible".[14] Lo
que encontramos aquí, desde luego, es un caso ejemplar
de "balcanismo", que funciona de un modo parecido al
concepto de "orientalismo" de Edward Said: los Balcanes como un espacio fuera del tiempo, en el cual Occidente proyecta su contenido fantasmático. Junto con la
película de Milche Manchevski *Before the Rain* [*Antes de*

14. "Propos de Emir Kusturica": *Cahiers de cinéma*, n° 492, ju-
nio de 1995, pág. 69.

la lluvia] –que casi gana el Oscar a la mejor película extranjera en 1995– *Underground* es el último producto ideológico del multiculturalismo liberal de Occidente: lo que ambos filmes ofrecen a la mirada del espectador occidental liberal es precisamente lo que éste quiere ver en la guerra balcánica: el espectáculo de un ciclo de pasiones míticas, incomprensibles, atemporales, que contrastan con la vida decadente y anémica de Occidente.[15]

El flanco débil de la mirada multiculturalista universal no está en su incapacidad para "arrojar el agua sucia sin arrojar el bebé": resulta totalmente erróneo afirmar que, cuando uno arroja el agua sucia del nacionalismo –el "exceso" de fanatismo–, debe ser cuidadoso de no perder el bebé de la identidad nacional "sana", de manera tal que se podría trazar una línea divisoria entre el grado justo de nacionalismo "sano", que garantiza la dosis mínima necesaria de identidad nacional, y el nacionalismo "excesivo". Semejante distinción tan propia del sentido común *reproduce el razonamiento nacionalista que intenta librarse del exceso "impuro"*. Uno se ve tentado, en consecuencia, a proponer una analogía con el tratamiento psicoanalítico, cuyo propósito tampoco es sacarse de encima el agua sucia (los síntomas, los tics patológicos) para conservar el bebé (el centro del Yo saludable) sino, más bien, arrojar al bebé (suspender el Yo del paciente) para confrontar al paciente con su propia "agua sucia", con los síntomas y las fantasías que estructuran su goce. En la cuestión de la identidad nacional,

15. En relación con esta percepción occidental de los Balcanes como una pantalla fantasmática, véase Renata Salecl: *The Spoils of Freedom*, Londres, 1995.

uno también debería intentar arrojar al bebé (la pureza espiritual de la identidad nacional) para hacer visible el soporte fantasmático que estructura la *jouissance* en la Cosa nacional. Y el mérito de *Underground* es que, sin ser conciente de ello, torna visible esta agua sucia.

La máquina del tiempo

Underground trae a la luz el trasfondo subterráneo obsceno del discurso público, oficial, representado en la película por el régimen comunista de Tito. Debe tenerse en cuenta que el "subterráneo" al que alude el título del filme no se refiere solamente al "suicidio postergado", a la eterna orgía de beber, cantar y copular que ocurre fuera del espacio público y en una temporalidad suspendida. Hace referencia también al taller "subterráneo" en el que los trabajadores esclavizados, aislados del resto del mundo (lo que los lleva a pensar que todavía está transcurriendo la Segunda Guerra Mundial), trabajan día y noche produciendo armas que son vendidas por Marko, el héroe del filme, dueño de ellos y gran Manipulador, el único que media entre el mundo público y el "subterráneo". Kusturica utiliza aquí el motivo del antiguo cuento de hadas europeo en el que durante la noche, mientras la gente está dormida, enanos diligentes (generalmente controlados por un mago malo) salen de sus escondites y terminan el trabajo (ordenan la casa, cocinan la comida) de manera que por la mañana, cuando la gente se despierta, encuentra el trabajo hecho mágicamente. El "*underground*" de Kusturica es la última encarnación de este motivo, al que se refieren desde *El oro del Rin*, de Richard Wagner (los Nibelungos que trabajan en cuevas subterráneas, conducidos por su amo cruel, el enano Alberich), hasta *Metrópolis*, de Fritz Lang, en el que trabajadores industriales esclavizados viven y trabajan debajo de la superficie de la tierra produciendo riqueza para los capitalistas que gobiernan.

Este esquema de esclavos "subterráneos", dominados por un Amo malvado, se recorta sobre un fondo que muestra la oposición entre las dos figuras del Amo: por un lado, la autoridad simbólica pública "visible"; por el otro, la aparición espectral "invisible". Cuando el sujeto está dotado de la autoridad simbólica, actúa como un apéndice de su título simbólico; es decir, es el "gran Otro", la institución simbólica que actúa a través de él: basta con pensar en un juez, que puede ser una persona miserable y corrupta, pero que en el momento en que se pone su traje y su insignia, sus palabras son las de la Ley. Por otra parte, el Amo "invisible" (un buen ejemplo es la figura antisemita del "judío" quien, invisible a los ojos de la gente, maneja los hilos de la vida social) es una especie de extraño doble de la autoridad pública: tiene que actuar en la sombra, invisible a los ojos de la gente, irradiando una omnipotencia espectral, como la de un fantasma.[16] El Marko de *Underground* debe situarse en ese linaje del mago malvado que controla un imperio invisible de trabajadores esclavizados: como Amo simbólico público, es una suerte de extraño doble de Tito. El problema con *Underground* es que cae en la trampa cínica de presentar este obsceno "mundo subterrá-

---

16. Véase Slavoj Žižek: "I Hear You with My Eyes"; o "The Invisible Master", en Renata Salecl y Slavoj Žižek (comps.): *Gaze and Voice as Love Objects*, NC, Durham, 1996.

neo" desde una distancia benevolente. *Underground*, desde luego, tiene múltiples interpretaciones y es autorreflexiva, juega con un montón de clichés que no "deben interpretarse literalmente" (el mito serbio del hombre verdadero, quien aun cuando las bombas caen a su alrededor sigue comiendo tranquilamente, y otros mitos por el estilo); sin embargo, es precisamente a través de esta autodistancia que funciona la ideología cínica "posmoderna". En su libro tantas veces reeditado *Catorce tesis sobre el fascismo* (1995), Umberto Eco enumeró una serie de rasgos que definen lo central de la actitud fascista: la tenacidad dogmática, la ausencia de sentido del humor, la insensibilidad hacia la discusión racional... No podría haber estado más equivocado. Hoy, el neofascismo es cada vez más posmoderno, civilizado y lúdico, y mantiene una autodistancia irónica, *pero no por eso es menos fascista*.

Por eso, en cierto sentido, Kusturica tiene razón en su entrevista con *Cahiers du cinéma*: de alguna manera efectivamente él "muestra el estado de las cosas en esta parte caótica del mundo" revelando su soporte fantasmático "subterráneo". Sin saberlo, muestra la economía libidinal de la masacre étnica en Bosnia: el trance seudo-batailleano del gasto excesivo; del ritmo enloquecido y continuo de beber-comer-cantar-copular. Y *allí está el "sueño" de los limpiadores étnicos, allí está la respuesta a la pregunta: "¿Cómo fueron capaces de hacerlo?"*. Si la definición estándar de la guerra es la de "la continuación de la política por otros medios", entonces el hecho de que el líder de los serbios bosnios Radovan Karadžic sea un poeta es más que una coincidencia gratuita: la limpieza étnica en Bosnia fue la "continuación de (una suerte de) *poesía* por otros medios".

Universalidad *"concreta"* versus *"abstracta"*

¿Cómo se inserta, entonces, esta poesía ideológica multiculturalista en el capitalismo global de hoy? El problema que subyace aquí es el del universalismo. Etienne Balibar distinguió tres niveles de universalidad en las sociedades actuales: la universalidad "real" del proceso de globalización, con el proceso complementario de "exclusiones internas" (al punto que el destino de cada uno de nosotros depende de la intrincada red de relaciones de mercado globales); la universalidad de la ficción que regula la hegemonía ideológica (el Estado o la Iglesia en tanto "comunidades imaginadas" universales que permiten al sujeto adquirir una distancia respecto de su inmersión en el grupo social inmediato –la clase, la profesión, el sexo, la religión– y postularse como un sujeto libre); y por último, la universalidad de un Ideal (tal es el caso del pedido revolucionario de *égaliberté* [igualdad-libertad]), el cual se mantiene como un exceso incondicional que desencadena una insurrección permanente contra el orden existente, por lo que no puede aburguesarse, incluso dentro del orden existente.[17]

La cuestión es que, desde luego, los límites entre estos tres universales no son nunca estables o fijos: la *égaliberté* puede servir como la idea hegemónica que nos permite identificarnos con nuestro rol social particular (Soy un artesano pobre pero, precisamente como tal,

17. Véase Balibar: *La crainte des masses*, págs. 421-54.

Slavoj Žižek

participo en la vida de mi Estado-Nación como un ciudadano libre que posee los mismos derechos que los demás), o como el exceso irreductible que desestabiliza todo orden social fijo. Lo que en el universo jacobino constituyó la universalidad desestabilizante del Ideal –que desencadenó el incesante proceso de transformación social– más tarde se convirtió en la ficción ideológica que permitió a cada individuo identificarse con su lugar específico en el espacio social. En términos hegelianos se presenta aquí la alternativa siguiente: ¿el universal es "abstracto" (opuesto al contenido concreto) o "concreto" (en el sentido de que yo experimento mi modo particular de vida social como la forma específica en que participo en el orden social universal)? Lo que sostiene Balibar es que obviamente la tensión entre ambas universalidades es irreductible: el exceso de universalidad ideal-negativo-abstracta, su fuerza desestabilizadora, no puede nunca integrarse completamente a la totalidad armónica de una universalidad "concreta".[18] Sin embargo, existe otra tensión: la tensión entre los dos modos de la "universalidad concreta", tensión que hoy parece más crucial. Es decir, la universalidad "real" de la globalización actual (a través del mercado global) supone su propia ficción hegemónica (o incluso ideal) de tolerancia multiculturalista, respeto y protección de los derechos humanos, democracia y otros valores por

18. Aquí es claro el paralelo respecto de la oposición de Laclau entre la lógica de la diferencia (la sociedad como una estructura simbólica diferencial) y la lógica del antagonismo (la sociedad como "imposible", frustrada por la escisión antagonista). Actualmente, la tensión entre la lógica de la diferencia y la lógica del antagonismo toma la forma de la tensión entre el universo democrático-liberal de la negociación y el universo "fundamentalista" de lucha entre el Bien y el Mal.

el estilo; supone también la propia "universalidad concreta" seudohegeliana de un orden mundial cuyos rasgos universales –el mercado mundial, los derechos humanos y la democracia– permiten que florezcan diversos "estilos de vida" en su particularidad. Por lo tanto, inevitablemente surge una tensión entre esta posmoderna "universalidad concreta" post-Estado-Nación y la anterior "universalidad concreta" del Estado-Nación.

Hegel fue el primero en elaborar la paradoja moderna de la individualización a través de la identificación secundaria. En un principio, el sujeto está inmerso en la forma de vida particular en la cual nació (la familia, la comunidad local); el único modo de apartarse de su comunidad "orgánica" primordial, de romper los vínculos con ella y afirmarse como un "individuo autónomo" es cambiar su lealtad fundamental, reconocer la sustancia de su ser en otra comunidad, secundaria, que es a un tiempo universal y "artificial", no "espontánea" sino "mediada", sostenida por la actividad de sujetos libres independientes. Así, hallamos la comunidad local *versus* la nación; una profesión en el sentido moderno del término (un trabajo en una compañía grande, anónima) *versus* la relación "personalizada" entre el aprendiz y su maestro artesano; el conocimiento de la comunidad académica *versus* la sabiduría tradicional transmitida de generación en generación. En este pasaje de la identificación primaria a la secundaria, las identificaciones primarias sufren una suerte de transustanciación: comienzan a funcionar como la forma en que se manifiesta la identificación secundaria universal (por ejemplo, precisamente por ser un buen miembro de mi familia, contribuyo al funcionamiento correcto de mi Estado-Nación). La

identificación secundaria universal se mantiene "abstracta" en la medida en que se opone directamente a las formas particulares de la identificación primaria, esto es, en
la medida en que obliga al sujeto a renunciar a sus identificaciones primarias. Se hace "concreta" cuando rein-
serta las identificaciones primarias, transformándolas en
las formas en que se manifiesta la identificación secundaria. Puede observarse esta tensión entre universalidad
"abstracta" y "concreta" en el *status* social precario que
tenía la Iglesia cristiana en sus inicios: por un lado, estaba el fanatismo de los grupos radicales, quienes no
veían la forma de combinar la verdadera actitud cristiana con las relaciones sociales predominantes, constitu-
yéndose por lo tanto en una seria amenaza para el orden
social; por el otro lado, había intentos de reconciliar a la
cristiandad con la estructura de dominación existente,
de manera tal que participar en la vida social y ocupar
un lugar dentro de la jerarquía resultaba compatible con
ser un buen cristiano. En realidad, cumplir con el rol
social que le correspondía a cada uno no sólo se consideraba compatible con el hecho de ser un buen cristiano, sino que incluso se percibía como una forma específica de cumplir con el deber universal de ser cristiano.

En la era moderna la forma social predominante
del "universal concreto" es el Estado-Nación en tanto
vehículo de nuestras identidades sociales particulares,
esto es, determinada forma de mi vida social (por ejemplo, ser obrero, profesor, político, campesino, abogado)
constituye la forma específica en que participo en la vida universal de mi Estado-Nación. En lo que respecta a
esta lógica de transustanciación que garantiza la unidad
ideológica del Estado-Nación, los Estados Unidos de

Norteamérica constituyen un caso de excepción: la clave de la "Ideología Americana" estándar radica en que intenta transustanciar la fidelidad que se tiene hacia las raíces de la etnia propia en una de las expresiones del "ser americano": para ser un buen americano, uno no tiene que renunciar a sus propias raíces étnicas –los italianos, los alemanes, los negros, los judíos, los griegos, los coreanos, son "todos americanos", es decir, la particularidad misma de su identidad étnica, la forma en que se aferran a ella, los hace americanos. Esta transustanciación por medio de la cual se supera la tensión entre mi identidad étnica particular y mi identidad como miembro del Estado-Nación hoy se ve amenazada: es como si se hubiese erosionado seriamente la carga positiva que tenía la patética identificación patriótica con el marco universal del Estado-Nación (Norteamérica). La "americanez", el hecho de "ser americano", cada vez despierta menos el efecto sublime de sentirse parte de un proyecto ideológico gigantesco, "el sueño americano", de manera que el estado americano se vive cada vez más como un simple marco formal para la coexistencia de una multiplicidad de comunidades étnicas, religiosas o de estilos de vida.

El reverso del modernismo

Este colapso gradual del "sueño americano" –o, más bien, su pérdida de sustancia– es el testimonio de la inesperada inversión del pasaje de la identificación primaria a la secundaria, descripta por Hegel: en nuestras sociedades "posmodernas", la institución "abstracta" de la identificación secundaria es experimentada cada vez más como un marco externo, puramente formal y no verdaderamente vinculante, de manera tal que cada vez más se busca apoyo en formas de identificación "primordiales", generalmente más pequeñas (étnicas y religiosas). Aun cuando estas formas de identificación sean más "artificiales" que la identificación nacional –como ocurre con el caso de la comunidad *gay*– resultan más inmediatas, en el sentido de que captan al sujeto directa y abarcadoramente, en su "forma de vida" específica, restringiendo, por lo tanto, la libertad "abstracta" que posee en su capacidad como ciudadano del Estado-Nación. Con lo que hoy nos enfrentamos es, entonces, con un proceso inverso al de la temprana constitución moderna de la Nación; es decir, en contraposición a la "nacionalización de la étnica" –la des-etnicización, la "superación dialéctica" (*Aufhebung*) de lo étnico en lo nacional– actualmente estamos asistiendo a la "etnicización de lo nacional", con una búsqueda renovada (o reconstitución) de las raíces étnicas. Sin embargo, la cuestión fundamental aquí es que esta "regresión" de las formas de identificación secundarias a las "primordiales", a las de identificación con comunidades "orgánicas", ya está "mediada": se trata de una reacción contra la dimensión universal del mercado mundial, y como tal, ocurre en ese contexto, se recorta contra ese trasfondo. Por tal motivo, lo que hallamos en este fenómeno no es una "regresión", sino que se trata más bien de la forma en que aparece el fenómeno opuesto: en una suerte de "negación de la negación", *es esta reafirmación de la identificación "primordial" lo que señala que la pérdida de la unidad orgánico-sustancial se ha consumado plenamente.*

Para aclarar este punto, uno debería tener en cuenta lo que es tal vez la lección más importante de la política posmoderna: lejos de ser una unidad "natural" de la vida social, un marco equilibrado, una suerte de *entele-*

chia aristotélica anticipada por todos los desarrollos previos, la forma universal del Estado-Nación constituye un equilibrio precario, temporario, entre la relación con una Cosa étnica en particular (el patriotismo, *pro patria mori*, etc.) y la función potencialmente universal del mercado. Por un lado, "supera" las formas de identificación locales orgánicas en la identificación patriótica universal; por otro, se postula como una suerte de límite seudonatural de la economía de mercado, delimitando el comercio "interno" del "externo"; la actividad económica, por tanto, se ve sublimada, ascendida al nivel de Cosa étnica, legitimada como una contribución patriótica a la grandeza de la nación. Este equilibrio está permanentemente amenazado por ambos lados, tanto del lado de las formas "orgánicas" previas de identificación particular, que no desaparecen simplemente sino que continúan su vida subterránea fuera de la esfera pública universal, como del lado de la lógica inmanente del capital, cuya naturaleza "transnacional" es en sí misma indiferente a las fronteras del Estado-Nación. Las nuevas identificaciones étnicas "fundamentalistas" entrañan una suerte de "des-sublimación", es decir, la unidad precaria que es la "economía nacional" sufre un proceso de desintegración en dos partes constitutivas: por un lado, la función del mercado transnacional, y por otro, la relación con la Cosa étnica.[19] Por lo tanto, solamente en la actualidad, en las comunidades fundamentalistas contem-

19. Uno de los hechos menores, aunque revelador, que da prueba de la decadencia del Estado-Nación es la paulatina extensión de una institución obscena: las cárceles privadas en los Estados Unidos y otros países occidentales. El ejercicio de lo que debería ser monopolio del Estado (la violencia física y la coerción) se convierte en objeto de un contrato entre el Estado y una compañía privada que ejerce la coerción sobre los individuos por una cuestión de ganancias: lo

poráneas de tipo étnico, religioso, de estilo de vida, se produce plenamente la escisión entre la forma abstracta del comercio y la relación con la Cosa étnica particular, proceso que fue iniciado por el proyecto iluminista: la xenofobia y el "fundamentalismo" religioso o étnico posmoderno no sólo no son "regresivos" sino que, por el contrario, ofrecen la prueba más cabal de la emancipación final de la lógica económica del mercado respecto de su relación con la Cosa étnica.[20] El esfuerzo teórico más alto de la dialéctica de la vida social está allí: no en describir el proceso de mediación de la inmediatez primordial –por ejemplo, cómo una comunidad "orgánica" se desintegra hasta tornarse una sociedad individualista "alienada"–, sino en explicar cómo este mismo proceso de mediación característico de la modernidad puede dar origen a nuevas formas de inmediatez "orgánicas". La explicación estándar del pasaje de la *Gemeinschaft* a la *Gesellschaft* debería, por lo tanto, ser complementada con una descripción de cómo este proceso en el que la comunidad se torna sociedad da origen a distintas formas de comunidades nuevas, "mediadas", por ejemplo "las comunidades de estilo de vida".

---

que vemos aquí es simplemente el fin del monopolio del uso legítimo de la violencia, lo cual, según Max Weber, define el Estado moderno.

20. Estos tres estadios (las comunidades premodernas, el Estado-Nación y la actual "sociedad universal" transnacional) encajan perfectamente en la tríada elaborada por Fredric Jameson de tradicionalismo, modernismo y posmodernismo: aquí, también, el fenómeno retro que caracteriza al posmodernismo no debería engañarnos. Es sólo con el posmodernismo que se consuma plenamente la ruptura con la premodernidad. Por eso la referencia a la obra de Jameson *Postmodernism, or the Cultural Logic of Late Capitalism* (Londres, Verso, 1993) es deliberada.

El multiculturalismo

¿Cómo se relaciona, entonces, el universo del Capital con la forma del Estado-Nación en nuestra era de capitalismo global? Tal vez esta relación sea mejor denominarla "autocolonización": con el funcionamiento multinacional del Capital, ya no nos hallamos frente a la oposición estándar entre metrópolis y países colonizados. La empresa global rompe el cordón umbilical que la une a su nación materna y trata a su país de origen simplemente como otro territorio que debe ser colonizado. Esto es lo que perturba tanto al populismo de derecha con inclinaciones patrióticas, desde Le Pen hasta Buchanan: el hecho de que las nuevas multinacionales tengan hacia el pueblo francés o norteamericano exactamente la misma actitud que hacia el pueblo de México, Brasil o Taiwan. ¿No hay una especie de justicia poética en este giro autorreferencial? Hoy el capitalismo global –después del capitalismo nacional y de su fase colonialista/internacionalista– entraña nuevamente una especie de "negación de la negación". En un principio (desde luego, ideal) el capitalismo se circunscribe a los confines del Estado-Nación y se ve acompañado del comercio internacional (el intercambio entre Estados-Nación soberanos); luego sigue la relación de colonización, en la cual el país colonizador subordina y explota (económica, política y culturalmente) al país colonizado. Como culminación de este proceso hallamos la paradoja de la colonización en la cual sólo hay colonias, no países colonizadores: el poder colonizador no proviene más del Estado-Nación, sino que surge directamente de las empresas globales. A la larga, no sólo terminaremos usando la ropa de una República Bananera, sino que viviremos en repúblicas bananeras.

Y, desde luego, la forma ideal de la ideología de este capitalismo global es la del multiculturalismo, esa actitud que –desde una suerte de posición global vacía– trata a cada cultura local como el colonizador trata al pueblo colonizado: como "nativos", cuya mayoría debe ser estudiada y "respetada" cuidadosamente. Es decir, la relación entre el colonialismo imperialista tradicional y la autocolonización capitalista global es exactamente la misma que la relación entre el imperialismo cultural occidental y el multiculturalismo: de la misma forma que en el capitalismo global existe la paradoja de la colonización sin la metrópolis colonizante de tipo Estado-Nación, en el multiculturalismo existe una distancia eurocentrista condescendiente y/o respetuosa para con las culturas locales, sin echar raíces en ninguna cultura en particular. En otras palabras, el multiculturalismo es una forma de racismo negada, invertida, autorreferencial, un "racismo con distancia": "respeta" la identidad del Otro, concibiendo a éste como una comunidad "auténtica" cerrada, hacia la cual él, el multiculturalista, mantiene una distancia que se hace posible gracias a su posición universal privilegiada. El multiculturalismo es un racismo que vacía su posición de todo contenido positivo (el multiculturalismo no es directamente racista, no opone al Otro los valores *particulares* de su propia cultura), pero igualmente mantiene esta posición como un privilegiado *punto vacío de universalidad*, desde el cual uno puede apreciar (y despreciar) adecuadamente las otras culturas particulares: el respeto multiculturalista por la especificidad del Otro es precisamente la forma de reafirmar la propia superioridad.

¿Qué podemos decir del contraargumento bastante obvio acerca de que la neutralidad multiculturalista es falsa, ya que privilegia veladamente el contenido eurocentrista? Esta línea de pensamiento es correcta, pero por razones diferentes. Las raíces o el origen cultural particular que siempre sustentan la posición multiculturalista universal no constituyen su "verdad", una verdad escondida detrás de la máscara de la universalidad ("el universalismo multiculturalista es, en realidad, eurocentrista") sino más bien ocurre lo contrario: esa mancha de raíces particulares es la pantalla fantasmática que oculta el hecho de que el sujeto carece completamente de raíces, que su posición verdadera es el vacío de universalidad. Permítaseme recordar aquí mi propia paráfrasis de una agudeza de De Quincey a propósito del simple arte de matar: ¡cuánta gente ha empezado con una inocente orgía sexual y ha terminado compartiendo la comida en un restaurante chino![21] La cuestión en esta paráfrasis es revertir la relación que se establece habitualmente entre un pretexto superficial y el deseo no reconocido: a veces, lo más difícil de aceptar es la apariencia en su valor superficial y nos imaginamos múltiples escenarios fantasmáticos para recubrirlo con "significados más profundos". Puede ser cierto que el "verdadero deseo" que pueda encontrarse tras mi negativa a compartir una comida china sea mi fascinación por la fantasía de una orgía grupal, pero la clave es que esta fantasía que constituye mi deseo es ya en sí misma una defensa contra mi impulso "oral", que sólo puede seguir su camino con una coerción absoluta...

21. Slavoj Žižek: *Enjoy your Symptom!*, Nueva York, 1993, pág. 1.

Lo que hallamos aquí es el equivalente exacto del ejemplo de Darian Leader del hombre que está en un restaurante con una chica y le pide una mesa al mozo, diciéndole: "¡Un cuarto para dos, por favor!", en vez de "¡Una mesa para dos, por favor!". Uno debería volver sobre la explicación freudiana estándar ("¡Desde luego, su mente ya estaba en la noche de sexo que planeaba para después de la comida!"): en realidad, esta intervención de la fantasía sexual subterránea es más bien la pantalla que sirve de defensa contra el impulso oral, el cual efectivamente lo perturba mucho más que el sexo.[22] En su análisis de la Revolución Francesa de 1848 (en *Las luchas de clases en Francia de 1848 a 1850*), Marx provee un ejemplo de otro doble engaño: el Partido del Orden que aumió el poder después de la Revolución sostenía públicamente la República, aunque secretamente creía en la Restauración (aprovechaban cualquier oportunidad para burlarse de los rituales republicanos y para indicar, de cualquier forma posible, dónde estaba "su verdadero corazón").[23] Sin embargo, la paradoja era que la verdad de su actividad estaba en la forma externa, a la que despreciaban y burlaban en privado. Ahora bien, esta forma republicana no era una mera apariencia detrás de la cual se ocultaba el deseo monárquico; era la secreta adhesión a la monarquía lo que les permitía cumplir con su función histórica real: la de implantar la ley y el orden republicano burgués. Marx mismo menciona cuánto placer hallaban los miembros del Partido del Orden en soltar la

22. Véase Darian Leader: *Why Do Women Write More Letters than they Post?*, London, 1996.
23. Karl Marx: "The Class Struggles in France: 1848 a 1850", en *Surveys from Exile, Political Writings: Volume 2*, Londres, 1973.

lengua ocasionalmente contra la República, refiriéndose en sus debates parlamentarios, por ejemplo, a Francia como un reino: estos deslices verbales articulaban sus ilusiones fantasmáticas que servían como una pantalla que les permitía obviar la realidad social de lo que estaba ocurriendo en la superficie.

La máquina en el espíritu

Mutatis mutandis, lo mismo ocurre con el capitalismo de hoy, que se aferra todavía a una herencia cultural particular, identificándola como la fuente secreta de su éxito –los ejecutivos japoneses participan en la ceremonia del té u obedecen el código bushido o, en el caso inverso, el periodista occidental busca el secreto del éxito japonés–: esta referencia a una fórmula cultural particular resulta una pantalla que oculta el anonimato *universal* del capital. El verdadero horror no está en el contenido particular que se esconde tras la universalidad del capital global, sino en el hecho de que el capital efectivamente es una máquina global anónima que sigue su curso ciegamente, sin ningún agente secreto que lo anime. El horror no es el espíritu (viviente particular) en la máquina (muerta universal), sino la máquina (universal muerta) en el corazón mismo de cada espíritu (viviente particular).

La conclusión que se desprende de lo expuesto es que la problemática del multiculturalismo que se impone hoy –la coexistencia híbrida de mundos culturalmente diversos– es el modo en que se manifiesta la problemática opuesta: la presencia masiva del capitalismo como sistema mundial universal. Dicha problemática multiculturalista da testimonio de la homogeneización sin precedentes del mundo contemporáneo. Es como si, dado que el horizonte de la imaginación social ya no nos permite considerar la idea de una eventual caída del capitalismo (se podría decir que todos tácitamente aceptan que *el capitalismo está aquí para quedarse*), la energía crítica hubiera encontrado una válvula de escape en la pelea por diferencias culturales que dejan intacta la homogeneidad básica del sistema capitalista mundial. Entonces, nuestras batallas electrónicas giran sobre los derechos de las minorías étnicas, los *gays* y las lesbianas, los diferentes estilos de vida y otras cuestiones de ese tipo, mientras el capitalismo continúa su marcha triunfal. Hoy la teoría crítica –bajo el atuendo de "crítica cultural"– está ofreciendo el último servicio al desarrollo irrestricto del capitalismo al participar activamente en el esfuerzo ideológico de hacer invisible la presencia de éste: en una típica "crítica cultural" posmoderna, la mínima mención del capitalismo en tanto sistema mundial tiende a despertar la acusación de "esencialismo", "fundamentalismo" y otros delitos.

Aquí la estructura es la de un *síntoma*. Cuando uno se encuentra con un principio estructurador universal, automáticamente siempre supone –en principio, precisamente– que es posible aplicarlo a todos sus elementos potenciales, y que la no realización empírica de dicho principio es una mera cuestión de circunstancias contingentes. Un síntoma, sin embargo, es un elemento que –aunque la no realización del principio universal en él parezca depender de circunstancias contingentes– *tiene que* mantenerse como una excepción, es decir, como el punto de suspensión del principio universal: si el principio universal se aplicara también a ese punto, el sistema universal en sí mismo se desintegraría. Como ya se sabe, en los fragmentos sobre la sociedad civil de *Filosofía del Derecho* Hegel demostró que, en la sociedad civil moderna, la extensa plebe [*Poebel*] no es un resultado accidental de una mala administración social, de medidas gubernamentales inadecuadas o de la mala suerte en el plano económico: la dinámica estructural propia de la sociedad civil necesariamente da origen a una clase que está excluida de los beneficios de la sociedad civil, una clase que está privada de derechos humanos elementales y, consecuentemente, tampoco tiene deberes hacia la sociedad. Se trata de un elemento dentro de la sociedad civil que niega su principio universal, una especie de "no Razón inherente a la Razón misma". En pocas palabras, *su síntoma*.

¿Acaso hoy no asistimos al mismo fenómeno, e incluso en forma más aguda, cuando observamos el crecimiento de una subclase excluida, a veces por generaciones, de los beneficios de la sociedad democrático-liberal próspera? Las "excepciones" actuales –los sin techo, los que viven en guetos, los desocupados permanentes– son el síntoma del sistema universal del capitalismo tardío; constituyen una evidencia permanente, en aumento, que nos recuerda cómo funciona la lógica inmanente del capitalismo tardío: la verdadera utopía capitalista consistía en creer que se puede –en principio, al menos, aunque a largo plazo– acabar con esta "excepción" a través de medidas apropiadas (para los liberales progresistas, la acción afirmativa; para los conservadores, el retorno a la autoconfianza y a los valores de la familia).

¿Acaso la idea de una coalición de amplio espectro no es una utopía parecida, es decir, la idea de que en algún futuro utópico todas las luchas "progresistas" –por los derechos de los *gays* y las lesbianas, los de las minorías étnicas y religiosas, la lucha ecológica, la feminista y otras– se unirán en una "cadena de equivalencias" comunes? Hay aquí nuevamente un defecto estructural: la cuestión no es simplemente que, dada la complejidad empírica de la situación, jamás se unirán las luchas particulares "progresistas", que siempre habrá cadenas de equivalencias "equivocadas" –por ejemplo, el encadenamiento de la lucha por la identidad étnica afroamericana con la ideología homofóbica y patriarcal–, sino que el surgimiento de encadenamientos "equivocados" está en el principio estructurador mismo de la política "progresista" de establecer "cadenas de equivalencias". Es la "represión" del papel clave que desempeña la lucha económica lo que mantiene el ámbito de las múltiples luchas particulares, con sus continuos desplazamientos y condensaciones. La política de izquierda que plantea "cadenas de equivalencias" entre las diversas luchas tiene absoluta correlación con el abandono silencioso del análisis del capitalismo en tanto sistema económico global, y con la aceptación de las relaciones económicas capitalistas como un marco incuestionable.[24]

La falsedad del liberalismo multiculturalista elitista reside, por lo tanto, en la tensión entre contenido y forma que ha caracterizado al primer gran proyecto ideológico de universalismo tolerante: el de la masonería. La doctrina de la masonería (la hermandad universal de todos los hombres basada en la luz de la Razón) claramente choca con su forma de expresión y organización

24. Véase Wendy Brown: *States of Injury*, Princeton, 1995.

(una sociedad secreta con sus rituales de iniciación), es decir, la forma de expresión y articulación de la masonería no deja traslucir su doctrina positiva. Análogamente, la actitud liberal "políticamente correcta" que se percibe a sí misma como superadora de las limitaciones de su identidad étnica (ser "ciudadano del mundo" sin ataduras a ninguna comunidad étnica en particular), funciona en su *propia sociedad* como un estrecho círculo elitista, de clase media alta, que se opone a la mayoría de la gente común, despreciada por estar atrapada en los reducidos confines de su comunidad o etnia.

Por una suspensión izquierdista de la Ley

¿Cómo reacciona entonces la izquierda que es conciente de esta falsedad del multiculturalismo posmoderno? Su reacción asume la forma de lo que Hegel denominó juicio infinito: el juicio que postula la identidad especular de dos términos totalmente incompatibles (el ejemplo más conocido de Hegel está en su *Fenomenología del espíritu*, en el apartado sobre la frenología: "el Espíritu es un hueso"). El juicio infinito que condensa esta reacción es: "Adorno (el teórico crítico "elitista" más sofisticado) es Buchanan (lo más bajo del populismo americano de derecha)". O sea, estos críticos del elitismo multiculturalista posmoderno –desde Christopher Lasch hasta Paul Piccone– se arriesgan a apoyar al populismo neoconservador, con su reafirmación de la comunidad, la democracia local y la ciudadanía activa, en la medida en que la consideran la única respuesta políticamente relevante al predominio de la "Razón instrumental" y de la burocratización e instrumentalización de nuestro mundo vital.[25]

25. Véase Paul Piccone: "Postmodern Popoulism", *Telos*,

Desde luego, resulta fácil desechar el populismo actual acusándolo de ser una formación reactiva nostálgica,en contra del proceso de modernización y, como tal, intrínsecamente paranoica, que busca una causa externa de malignidad, un agente secreto que pulse las cuerdas y por lo tanto, resulte responsable de las aflicciones que produce la modernización (los judíos, el capital internacional, los gerentes multiculturalistas apátridas, la burocracia del estado, etcétera). La cuestión está en concebir este nuevo populismo como una nueva forma de "falsa transparencia" que, lejos de representar un serio obstáculo a la modernización capitalista, allana el camino para ella. En otras palabras, en vez de lamentar la desintegración de la vida comunitaria debido al impacto de las nuevas tecnologías, resulta mucho más interesante analizar cómo el progreso tecnológico en sí mismo da origen a nuevas comunidades que gradualmente se "naturalizan", como el caso de las comunidades virtuales.

Lo que estos defensores izquierdistas del populismo no perciben es que el populismo actual, lejos de constituir una amenaza al capitalismo global, resulta un producto propio de él. Paradójicamente, los verdaderos conservadores hoy son los "teóricos críticos" de izquierda que rechazan tanto el multiculturalismo liberal como

---

nº 103. También resulta ejemplificador aquí el intento de Elizabeth Fox-Genovese de oponer al feminismo de clase media alta –interesado en los problemas de la teoría literaria y cinematográfica, los derechos de las lesbianas, etétera– un "feminismo de familia", que focaliza en las preocupaciones reales de las mujeres comunes que trabajan, articulando preguntas concretas acerca de cómo sobrevivir dentro de la familia, con los hijos y el trabajo. Véase Elizabeth Fox-Genovese: *Feminism is Not the Story of my Life*, Nueva York, 1996.

el populismo fundamentalista; son aquellos que perciben claramente la complicidad entre el capitalismo global y el fundamentalismo étnico. Apuntan hacia el tercer dominio, que no pertenece ni a la sociedad de mercado global ni a las nuevas formas de fundamentalismo étnico: se trata del dominio de lo político, el espacio público de la sociedad civil, de la ciudadanía responsable y activa, de la lucha por los derechos humanos, la ecología, etcétera. Sin embargo, el problema es que la forma del espacio público está cada vez más amenazada por la embestida de la globalización; por lo tanto, no se puede simplemente volver a dicho espacio o revitalizarlo. Para evitar malentendidos: no planteamos la vieja perspectiva "económico esencialista" según la cual –en el caso de Inglaterra, hoy– la victoria laborista no cambió verdaderamente nada, y como tal, es aún más peligrosa que seguir con el gobierno tory, ya que da origen a la impresión equívoca de que hubo un cambio. Hay muchas cosas que el gobierno laborista puede conseguir: puede contribuir en gran medida a pasar del tradicional patrioterismo inglés pueblerino a una democracia liberal más "iluminista", con un sentido mucho más fuerte de la solidaridad social (desde la salud hasta la educación), del respeto por los derechos humanos (en sus diversas formas, desde los derechos de las mujeres hasta los de los grupos étnicos). Se debería usar la victoria laborista como un incentivo para revitalizar las diversas formas de lucha por la *égaliberté*. (Con la victoria electoral socialista en Francia, la situación es aún más ambigua, ya que el programa de Jospin contiene efectivamente algunos elementos que se oponen frontalmente a la lógica del capital.) Aun cuando el cambio no es sustancial, sino apenas el rostro de un nuevo comienzo, el mero hecho de que la situación sea percibida por la mayoría de la población como un "nuevo comienzo" abre el espacio para rearticulaciones políticas e ideológicas. Como ya hemos visto, la lección fundamental de la dialéctica de la ideología es que las apariencias *efectivamente* cuentan.

De cualquier forma, la lógica del capital post-Estado-Nación se mantiene como lo Real que acecha desde el fondo. Entretanto, las tres reacciones fundamentales de la izquierda al proceso de globalización parecen inapropiadas: el multiculturalismo liberal; el intento de aceptar el populismo distinguiendo, detrás de su apariencia fundamentalista, la resistencia contra la "razón instrumental", y el intento de mantener abierto el espacio de lo político. Aunque este último parta de una visión correcta de la complicidad entre multiculturalismo y fundamentalismo, evita la pregunta crucial: *¿cómo hacemos para reinventar el espacio político en las actuales condiciones de globalización?* La politización del conjunto de luchas particulares, que deja intacto el proceso global del capital, claramente resulta insuficiente. Lo que significa que uno debería rechazar la oposición que se presenta como el eje principal de la lucha ideológica dentro del marco de la democracia liberal del capitalismo tardío: la tensión entre la "abierta" tolerancia liberal universalista postideológica y los "nuevos fundamentalismos" particularistas. En oposición al centro liberal que se presenta a sí mismo como neutral y postideológico, respetuoso de la vigencia de la Ley, debería reafirmarse el antiguo tópico izquierdista acerca de la necesidad de suspender el espacio neutral de la Ley.

Desde luego, tanto la derecha como la izquierda tienen su propio forma de considerar la suspensión de la Ley teniendo en cuenta un interés más alto o más importante. La suspensión de derecha –desde los opositores a Dreyfus hasta Oliver North– admite la violación de la letra de la ley, pero la justifica en función de algún interés nacional más alto: presenta la transgresión como un sacrificio doloroso que se hace por el bien de la Nación.[26] En cuanto a la suspensión de izquierda, basta con mencionar dos filmes: *Under Fire* [*Bajo fuego*] (Roger Spottiswoode, 1983) y *Watch on the Rhine* [*Alerta en el Rin*] (Herman Shumlin, 1943). El primero transcurre en la época de la Revolución nicaragüense, cuando un reportero gráfico norteamericano enfrenta un dilema: justo antes de la victoria de la revolución, los somocistas matan a un líder sandinista carismático. Los sandinistas entonces le piden al reportero que falsee una foto de su líder para mostrarlo como si estuviera vivo, contradiciendo así la versión somocista sobre su muerte: de este modo el reportero contribuiría a una rápida victoria de la revolución y evitaría el derramamiento de sangre. Sin duda, la ética profesional prohíbe estrictamente este acto ya que viola la objetividad de la información y hace del periodista un instrumento de la lucha política. Sin embargo, el periodista elige la opción "de izquierda" y falsifica la foto. En *Alerta en el Rin*, basada en una obra de Lillian Hellmann, esta disyuntiva se ve agravada: en los últimos años de la decada del '30, una familia fugitiva de emigrantes políticos alemanes involucrados en la lucha antinazi va a alojarse a la casa de unos parientes lejanos, una familia idílica de clase media pueblerina bien norteamericana. Pero los alemanes se van a topar con una amenaza inesperada que aparece bajo la forma

26. La fórmula más concisa de la suspensión derechista de las normas públicas (legales) fue dada por Eamon de Valera: "La gente no tiene derecho a actuar mal".

de un conocido de la familia norteamericana: un derechista que chantajea a los emigrantes y, por medio de sus contactos con la embajada alemana, pone en riesgo a miembros de la resistencia en Alemania. El padre de la familia emigrante decide matarlo y pone de esta manera a la familia norteamericana en un difícil dilema moral: la solidaridad moralizadora vacía con las víctimas del nazismo ya ha quedado atrás; ahora hay que tomar partido y ensuciarse las manos cubriendo el asesinato. Aquí, nuevamente, la familia se decide por la opción de izquierda. Según esta lectura, la "izquierda" se define como la opción que suspende el marco moral abstracto o –parafraseando a Kierkegaard– como la que realiza una *suspensión política de la Ética*.

La universalidad por venir

La lección que se puede extraer de todo esto –que cobró actualidad con la reacción occidental hacia la guerra de Bosnia– es que no hay forma de impedir el ser parcial, en la medida en que la neutralidad implica tomar partido. En el caso de la guerra de Bosnia, la visión "equilibrada" sobre la "guerra tribal" étnica en los Balcanes ya avala el punto de vista serbio: la equidistancia liberal humanitaria puede fácilmente deslizarse o coincidir con su opuesto y efectivamente tolerar la "limpieza étnica" más violenta. En resumen, la persona de izquierda no viola simplemente la neutralidad imparcial liberal; lo que alega es que no existe tal neutralidad. Desde luego, el cliché del centro liberal es que ambas suspensiones, la de izquierda y la de derecha, apuntan en definitiva a lo mismo, a la amenaza totalitaria a la vigencia de la Ley. La consistencia de la izquierda estriba en demostrar que, por el contrario, cada una de las dos suspensiones sigue una lógica distinta. Mientras que la derecha legitima la suspensión de la Ética desde una postura antiuniversalista, apelando a su identidad particular (religiosa, patriótica) que invalida toda moral universal o norma legal, la izquierda legitima su suspensión de la ética apelando precisamente a la verdadera Universalidad por venir. O, dicho de otro modo, la izquierda acepta el carácter antagónico de la sociedad (no hay posición neutral, la lucha es constitutiva) y, al mismo tiempo, se mantiene universalista (habla en nombre de la emancipación universal). En la perspectiva de izquierda, aceptar el carácter radicalmente antagónico (es decir, político) de la vida social, aceptar la necesidad de "tomar partido", es la única forma de ser efectivamente universal.

¿Cómo debe comprenderse esta paradoja? Sólo puede concebirse si *el antagonismo es inherente a la universalidad misma*, es decir, si la universalidad en sí misma se escinde, por un lado, en la "falsa" universalidad concreta que legitimiza la división existente del Todo en partes funcionales y, por el otro, en la demanda real /imposible de universalidad "abstracta" (la *égaliberté* de Balibar). Por lo tanto, el gesto político de izquierda por excelencia (que contrasta con el tópico derechista de "a cada uno su lugar") es cuestionar el orden universal concreto en nombre de su síntoma, de la parte que, aunque inherente al orden universal existente, no tiene un "lugar adecuado" dentro de él (en nuestras sociedades, por ejemplo, los inmigrantes ilegales o los "sin techo"). Este procedimiento de *identificación* con el síntoma es el reverso exacto y necesario del gesto crítico e ideológico estándar, el cual reconoce un contenido particular detrás de alguna noción abstracta universal ("el 'hombre' de los derechos humanos es en realidad el hombre blanco propietario") y que denuncia la universalidad neutral como falsa. Así, en este gesto de identificación con el síntoma, uno reafirma patéticamente (y se identifica con) *el punto de excepción/exclusión inherente al orden concreto positivo, el "abyecto", en tanto único punto de universalidad verdadera*, que contradice la universalidad concreta existente. Es fácil advertir, por ejemplo, que en las subdivisiones que hay en un país entre los ciudadadanos "de primera" y los trabajadores inmigrantes temporarios, se privilegia a los ciudadanos de primera y se excluye a los inmigrantes del espacio público (del mismo modo en que el hombre y la mujer no son dos especies de un gen humano universal y neutro, dado que el contenido del gen como tal implica alguna clase de "represión" de lo femenino). Resulta mucho más productiva tanto teórica como políticamente (dado que abre el camino para una subversión "progresista" de la hegemonía) la operación opuesta: consiste en *identificar la universalidad con la cuestión de la exclusión*; en nuestro caso, en decir "somos todos trabajadores inmigrantes". En una sociedad estructurada jerárquicamente, la medida de su verdadera universalidad se encuentra en la forma en que sus partes se relacionan con "los de abajo", excluidos por y de los otros. En la ex Yugoslavia, por ejemplo, la universalidad estaba representada por los albanos y los musulmanes bosnios, despreciados por todas las otras naciones. La declaración reciente de solidaridad "Sarajevo es la capital de Europa" fue también un ejemplo de la noción de excepción encarnando la universalidad: la forma en que la iluminada Europa liberal se refería a Sarajevo es el testimonio de la forma en que se refiere a sí misma, a su noción universal.[27]

Esta afirmación de la universalidad del antagonismo no implica en modo alguno que "en la vida social no hay diálogo, sólo guerra". Los de derecha hablan de una *guerra* social (o sexual), mientras que los de izquierda hablan de *lucha* social (o de clase). Hay dos variaciones posibles para la infame declaración de Joseph Goebbels "Cuando oigo la palabra 'cultura', busco mi pistola": una es "Cuando oigo la palabra 'cultura', busco mi chequera", pronunciada por el cínico productor cinematográfico del filme *Mépris* [*El desprecio*], de Godard; y la inversa, izquierdista e iluminada, "Cuando oigo la palabra 'revólver', busco la cultura". Cuando hoy un peleador callejero neonazi oye la palabra "cultura occidental cristiana", busca su revólver para defenderla de los turcos, los árabes, los judíos, destruyendo así lo que se propone defender. El capitalismo liberal no tiene necesidad de semejante violencia directa: el mercado realiza la tarea de destruir la cultura de una forma mucho más sutil y eficaz. En oposición a estas dos actitudes, el Iluminis-

27. Así es como, tal vez, debiera leerse la noción de *singulier universel* de Rancière: la afirmación de una excepción singular como el lugar de la universalidad que, simultáneamente, afirma y subvierte la universalidad en cuestión. Cuando decimos, por ejemplo, "Somos todos ciudadanos de Sarajevo", obviamente estamos incurriendo en una nominación "falsa", una nominación que viola la correcta disposición geopolítica; sin embargo, precisamente como tal, esta violación permite nombrar la injusticia del orden geopolítico existente. Véase Jacques Rancière, *La Mésentente*, París, 1995.

mo de izquierda se define por la apuesta a que la cultura pueda servir como un arma eficiente contra el revólver: el estallido de la violencia brutal es una suerte de *passage à l'acte* que echa raíces en la ignorancia del sujeto y, como tal, se puede contrarrestar con la lucha que tiene como forma principal el *conocimiento reflexivo*.